Parábolas cromáticas del silencio

Rodríguez Figueroa, Orlando
Parábolas cromáticas del silencio - 1ª ed. Buenos Aires:
Deauno.com, 2012.
198 p.; 21 x 15 cm.

ISBN 978-987-680-058-7

1. Poesía puertorriqueña. I. Título.

CDD PR861

Queda rigurosamente prohibida, sin la autorización escrita de los titulares del copyright, bajo las sanciones establecidas por las leyes, la reproducción total o parcial de esta obra por cualquier medio o procedimiento, comprendidos la fotocopia y el tratamiento informático.

© 2012, Orlando Rodríguez Figueroa
© 2012, Deauno.com (de Elaleph.com S.R.L.)

contacto@elaleph.com
http://www.elaleph.com

Para comunicarse con el autor: *kid51pr@yahoo.com*

Primera edición

ISBN 978-987-680-058-7

Hecho el depósito que marca la Ley 11.723

ORLANDO RODRÍGUEZ FIGUEROA

Parábolas cromáticas del silencio

deauno.com

*"El ojo del poeta, girando en medio de su arrobamiento
pasea sus miradas del cielo a la tierra y de la tierra
al cielo; y como la imaginación produce formas de
cosas desconocidas, la pluma del poeta las diseña y
da nombre a cosas etéreas que no son nada."*
Sueños de una noche de verano
WILLIAM SHAKESPEARE

*"Supongo que uno escribe para mejorar la vida,
para embellecerla, para poblarla
de fantasías extravagantes, para vivir
así una vida más rica y completa".*
Selección de artículos
JAIME BAYLY

"Lo esencial es invisible a los ojos..."
El Principito
ANTOINE DE SAINT-EXUPÉRY

*"... y sí...
hay una gran razón para así hacerlo...
la raza humana..."*
ORLANDO RODRÍGUEZ FIGUEROA, 2012

Dedicado a:
El hermoso ser que acompaña mis días;

a mi familia que adoro;

a mi pueblo amado: Maunabo;

y a la doctora Maribel Tamargo
por dejar una huella en mí...

Introducción a las Parábolas

Parábolas cromáticas del silencio es un libro de poemas de voces internas que reflexionan sobre el existencialismo de la raza humana ante el vertiginoso paso azul del tiempo. Cada poema está simétricamente manejado con parábolas poéticas que encontramos en nuestro rodar cotidiano; a veces cargado de ilusiones y otras veces rubricadas con la realidad cotidiana de ese transitar diseñado por las tristezas internas de los otros.

Es un libro de reflexión de lo que muchas veces el ser humano se niega a decir y lo transmite a través de signos donde el decodificador digiere por sus experiencias. Es la ubicación de nuestras ideas calladas o silenciadas por temor...

Con valentía y gran humildad entrego estas ciento seis parábolas poéticas llenas de color para que las conviertas en tus espejos y transiten por las imágenes de mil pueblos distantes, pero con un solo pensar...

El autor

Encuentro en el espejo

Un nuevo yo mirando hacia el nuevo tú opaco en la
profundidad del espejo...
Las imágenes se confunden con los mil ojos de la
inmensidad humana...
Y de nuevo busco anhelante en tu interior de colores
las mismas ideas...
Pero soy un nuevo yo y tú como imagen diluida
te me pierdes en lo etéreo.

Camino ligero tras los destellos que deja tu imagen
en el espejo y no alcanzo...
Me aferro a los contornos de tu imagen que soy yo
y no me siento... no sé.
Caigo de bruces en el piso lleno de polvo por
el paso desterrado del tiempo...
Y sollozo larga y cansadamente ante el dolor
de tu fugaz partida...

Me levanto de nuevo aferrándome a los hilos de
las cortinas azules de mi cuarto...
Y subo hasta alcanzar los olores que bordean
las paredes sencillas del claustro...
Me sostengo con temor infantil en cada grieta
inminente y abrupta del local...
Y me río de los virginales golpes de la pared vecinal...

Recojo lentamente las huellas de tu huida y las coloreo
con mi voz vibrante...
Te llamo cada hora, cada instante porque en tu
furtiva ida dejaste mi alma sola...
Mil dolores se agolpan en mi garganta y viajan
como esporas de dolor en el aire...
Y yo tan triste y tan cansado me voy
acostumbrando a tu partida.

Me siento en el viejo y roto sofá de mi minúscula
sala en la espera...
Miro fotografías añejas y descoloridas de nosotros,
que soy yo y soy tú...
Te veo lejano entre todos, siempre como león solitario
en la manada...
Y siempre hay un porqué para esto... tú lo sabes...
yo lo sé...

Te espero de nuevo frente al espejo como personaje
de Borges y sus cuentos...
Como un Julio Cortázar y sus ambiguos
y misteriosos cuentos...
Y sueño profundamente y muy calmado en
mi interior para verte de nuevo...
Y de nuevo soy yo y soy tú en el espejo...

Y acomodo dulce y calladamente mi cabeza
en la almohada de humo...
Y desde ahí busco la imagen en el espejo;
dejo caer una lágrima...
Y suspiro hondamente al verte de nuevo:
eres otro, no, soy yo y eres tú...
De nuevo...

La misma embarcación

La rubia y delgada noche nos envolvió
en su rayo emancipante
y fuimos víctimas del mismo tiempo
crudamente marcado...
Una ronca voz llena de agrios y
ásperos colores perfumados
recorría con frenesí nuestros azulados
y melódicos tímpanos...

Mil atónitos átomos en marcada desunión morisca
se fragmentaron en la ardiente vereda tropical
de la nueva playa
te transportan a mi cuerpo desnudo y caído
en la arena...
mi sexo fuerte y anhelante de tu miel se impacientaba
cada instante...
tu boca remojaba mi piel y se cubría
de arena tiernamente...
el dolor se hacía espuma en nuestra primera entrega...

Te abriste como rosa aterciopelada de color mostaza...
la miel se entregaba con ardor en cada virginal poro.
Ardores y olores invadían como hormigas
el recinto entregado.

Te abriste como volcán burbujeante en abrazar
nuevas tierras,
y te aferraste a mi pecho jadeando con ardor...
yo, realizaba impaciente mi técnica labor:
amarte con dulzura para conducirte al puerto
que nos daría paso a la posteridad
de un nuevo puerto...

Nos movimos al unísono, sonaron nuestros huesos...
Caricias viejas, olores de color oscuro y ruidos silentes
cayeron a nuestros pies... rumiamos sabores acres...
...fuimos invisibles a la luz rubia
y delgada de la noche.

Luna sin horizontes sosteniendo mi pena

¿Hasta cuándo rumiaré este metálico dolor azul
de mi garganta?
¿Hasta cuándo cargaré en mis rotas manos rojas
este pesado sabor a mar?
¿Hasta cuándo caminaré sin rumbo por este horizonte
inclinado y sin luz?
¿Hasta cuándo el dolor de mi espalda se apaciguará
y me dará consuelo?

Miraré entre la sombra nocturna de mis largas noches
en la espera de que regreses
y me acompañes sin prisas, rebuscaré en cada minuto
nocturnal el aliento de tu garganta vieja,
rota y triste que te ubica en el horizonte
cada veintiocho días
de mi medio centenal de tiempos...
Miraré impaciente esperando los sonoros colores de tu
blanca y pálida luz ajena la cual te presta tímidamente
el supremo astro de la mañana...

Y te saborearé sin miedos, recorreremos los bosques en la
noche, haremos sueños de humos y nubes de sabores
a mar... ¿a mar?

Sueños, vacíos lejanos que inundan mis poros... dolores palpables que ya no se sienten: ahora se viven, están ahí: presentes... eternos y míos... ¡míos!
Como siempre: pesados y sonoros... casi como horizontes inclinados...

Asumiendo la soledad como siempre

En los cementerios, rodeado de tantas tumbas
coloridas, me refugio entre los muertos...
Y dejo vagar mi alma hacia el cielo azul
que me espera... como siempre...
Y me derrumbo entre las tumbas con
su eterno silencio de las voces calladas...
Y suspiro profundamente aspirando
la soledad que emana desde lo profundo...

En los cementerios donde dejamos nuestras vestiduras
que tanto rasgaron con odio los otros...
Donde solo ocupamos apretadamente un
oscuro espacio inamovible y monótono...
Allí asumiré mi soledad en este desierto de
seres vanidosos y falsos... así son siempre...
Por juzgarme precipitadamente por mis
acciones humanas: como siempre...

Soledad ante ese odiado adverbio que rige
nuestras vidas: ¡SIEMPRE!
Falsedad de multicolores voces que tremolan
tímidamente y vagamente por la esfera azul...

Falsedad que también te arropa a ti y te sumerge en el torbellino de la mentira y la avaricia humana ante el reconocimiento falso de los honores humanos inventados como ideas de grandeza pero que solo son fuegos fatuos en una noche carnavalesca.

Y allí: en los cementerios, esperaré sorbiendo
el licor favorito de los dioses que no mueren...
Me liberaré de las convencionales ideas de los seres
falsos que transitan por la vida de la mano de personas
como tú: tan VACÍA e INSEGURA, y seré un dios entre
los inmortales...
Solo allí, en los cementerios, hallaré la soledad
que me prometen los muertos, como siempre...

Pero seré un dios inmortal cuando escuches mis
palabras que es lo único que me define...
En los cementerios libaré coloridamente todo
el producto del nuevo viñedo celestial...
Y compartiré entre los muertos mi nueva cosecha
para que no la puedas beber...
Porque a los muertos en vida como tú
esa acción está prohibida...

Como siempre, en los cementerios asumiré
mi nueva soledad de dios eterno con mi palabra...
Y a ti, y a todos colorearé nuevos días de esperanzas
en el cambio humano que se exige...
Por si acaso queda algo en la fragua del herrero
de sus vidas...
Pero yo existiré como dios inmortal como SIEMPRE...

Mirada triste cargada de dolores llenos de luces

Cuando llegó la noticia ya era muy tarde para
encontrar consuelo...
Me sostuve con mis brazos cansados y mojados
de sudor pesado y cabizbajo...
Cuando llegó cargando hasta mis oídos un sabor amargo
que penetró en cada papila de mi lengua... y recorrió
incesante cada átomo de mi maltrecho cuerpo...

Caminé en círculos erráticos por todo el dorado
recinto de mi habitación helada...
Los colores fatigados de la luz se posaron nerviosos
en mi alrededor...
Vertí un poco de avinagrado vino en mi copa inmaculada
y sorbí sin prisa...
Intentaba apagar el fuego helado que viajaba
por mis venas desde que lo supe...

Una luciérnaga ciega chocó contra las paredes
del cuarto...
Se coló una brisa marina y lejana por una apertura
de la mal cerrada ventana...
Inundó de melancolías y ásperas ideas mi mullida
y golpeada cabeza...

Revolvió mi aplomado estómago con salinos olores y pensé...
Pensé no en lo vivido, sino en el dolor que crecía en cada extremidad sudorosa, en cada sudoroso poro de mi piel añeja y en cada átomo suelto que cubría mis neuronas inquietas y sensibles al dolor de la luz que se proyectaba en mi cerebro roto y cansado de subir por las paredes que sujetaban las luces y los olores del cuarto; pensé en ti muy breve, porque ya estabas caminando en el remolino de olores marinos que se confundían con la azul metálica cortina curtida de mi cuarto.

Lloré largamente porque no entendía el canto largo y purpúreo de la nocturna y delgada ave que a lo lejos se escuchaba en el grito silencioso, lejano y frío de mis venideras y dolorosas noches inundadas de sombras eternas...

Matiz de angustias cargados de gritos eternos

Nuevamente esta sensación de olores marinos invaden mi espacio, se ubican impacientes entre cada mínimo espacio de todo mi sistema; me intrigan con murmullos opacos y cansados en mis oídos sordos de escuchar tantas quejas ajenas; me trastornan la mente; me desubican; me cargan pausadamente...

Me dejo llevar por estos olores y rememoro esencias lejanas; traídas por ellos desde lugares remotos, tan lejanos e inalcanzables para todos... no, para mí no; puedo viajar hasta ellos a través de las luces que me sujetan con sus hilos imaginarios y me elevan, me elevan hasta esos lejanos lugares...

Y llego... bebo de las fuentes de luces de sabor a mar y tomo en mis manos el mágico olor de los recuerdos... y vuelvo a ser niño... yo eterno... yo..

Hay un pueblo...

Larga ruta reverdecida que bordea la gentil
costa de mi patria...
húmeda y olorosa aún por la gentil y
refrescante lluvia.
Camino tropical semejante a sensual serpiente...
Mil recodos llenos de colores y una vertiente...

Camino costero de azul horizonte.
Mar azul y verde monte
te sirven de franja y límite
a tu espacio pequeño, pero Existes...

Eres pequeño en tamaño
y gigante en hermosura
y le ofreces orgulloso al extranjero
la maravilla montañosa de La Pandura.

El cristalino hilo del Chorro de La Pica
es oasis al viajero que tu belleza admira
y el calor se oculta silencioso
cuando viajamos en familiar pasadía.

En el río Matuyas encontrarán
hermosos lugares para disfrutar.
Lizas ofrece sus legendarias cuevas...

Palo Seco su historia singular...
En Calzada, la frescura natural...
En La Central la dulce historia de la caña...
En Quebrada Arenas, ricas frutas...
Y es Emajagua: ¡Paraíso tropical!
Con sus modernos túneles que te invitan a cruzar.

Eso eres bello pueblo: mi Maunabo
rico en maravilla, esplendoroso en bondad.
De tus hijos sientes orgullo...
porque ansían la unidad.

En mi interior

Burbujas de terciopelo azul se enredan en mi ser,
y provocan remembranzas lejanas
de sin igual emoción...
Evocadoras de ideas frágiles que se iniciaron
en mi niñez
y que en medio siglo de cansados pasos se agitan con dolor en las paredes de mi alma azul y perspirante de sudores ácidos por las cosas que vivo...¿Vivo? ¡No sé!

Es dolor rumiante de cada paso dado cada vez que transito por cada esquina de la esfera azul donde todo ocurre en perpetuo círculo de inacciones; donde tantas veces predicamos las injusticias y cometemos en doble cantidad lo que señalamos...
¿Por qué? ¡No sé!

Mil carcajadas de voces hilarantes y bocas desdentadas que te acusan sin piedad van restregando en tu ser la necesidad de cosas que no tienen valor pero que te obligan a poseer... ¿Sociedad? ¡Tal vez!

Rincones que muestran un total desorden de una habitación con olores ocres y donde pululantes insectos enredan tu mirada para que transites con cuidado y evadas percibir la presencia de los niños que juegan en

la esquina de la habitación maloliente y desordenada...
¿Ficción? ¡No sé!
Me veo recorriendo mil caminos de ideas y luces, cubiertos de flores de mil colores, muchos cielos, muchos soles... una luna: la de siempre...
Caminos perfumados de ternuras, de lejanos pueblos donde las especias viajan con alas azulosas y esparcen color y vida a los rostros adoloridos.
Me veo en lo alto de una montaña verde, tan alta que casi toco las blancas y algodonadas nubes con sabor a caña de azúcar... ¿Tópico? ¡Sí!

Color, sabor, olor, verdor, playas, música, luz, hermanos, hermanas, sobrinos, familia... un bello pueblo: Maunabo...
Eso hay en mi interior...

¿Qué son las palabras?

Las palabras son las voces de los elohims en susurros vagos al oído...
Van cargando colores para que pintes tus ideas en el silencio gris de tu pensamiento.
En tu encuentro: funden imágenes y te hacen vibrar en mil emociones atómicas,
de experiencias íntimas para llegar al colectivo.

Nacen como esporas virginales al encuentro de los dioses impolutos...
Van en tropel errático hacia el abismo ancestral de los orígenes de los colores.
En su carrera desbocada crean caminos de nubes cromáticas que se inundan de luces,
para atrapar los silencios que han quedado encadenados por los seres de hierro.

Les dejamos navegar en mares azules abiertos a la inmensidad de la esfera...
Les entregamos pasiones que una vez fueron quimeras esclavas de la mente...
Les brindamos alientos con nuestras bocas marcadas de la intriga social...
Les dejamos volar hacia el cielo infinito que transitan hacia los dioses...

Son palomas blancas flotando en el cielo inmensamente
azul de mi trópico...
donde cielo azul y mar azul se confunden desde
el espacio azul divino...
Son palpitaciones de corazones ardientes de pasión
encendida por esencia de amor.
Son rumiaciones de voces anteriores, quizás calladas
por leyes de falsas rúbricas reales.

Pero están ahí como espadas relucientes apuntando hacia
el cielo...
Como estandartes de razas, como blasones de héroes...
Se convierten en naves majestuosas para
explorar horizontes...
Se convierten en naves que transportan guerreros
de voces...

Navegan por mil mares de la inmensidad azul de lo
 eterno, de lo duradero...
Navegan y vuelan; pero siempre regresan a tu interior...
Para que las repienses, para que las medites,
para que las rumies con ganas...
Para que las ubiques en singular perspectiva
de tu estilo...

En el manejo adecuado de ellas, encontrarás las raíces
que definen tu ser...
Como los colores de tierras lejanas que se han pegado
a tu piel...
Como los olores de especias asiáticas convertidas en
cercanías culinarias...
Para marcarte como especie creadas por elohims castos
y puros...

Surcarán por los cielos como saetas de sueños, cargarán mil colores que sean perpetuos.
Se convertirán en cascadas de aguas claras que proyecten mil luces...
Nunca se detienen porque hasta en los sueños humanos, y en los sueños de los dioses, se agolpan como hormiguitas rosadas ocupando la mente en cuerpo dormido.

Esas son las palabras; como yo las defino...

Mi lengua

Mi espíritu se sostiene en la lengua que hablo; esta que me trajo Colón...
Esta que aprendí de mi madre, absorbida de su alba leche materna...
Esta que como estructura férrea sostiene mis ideas de hombre del Caribe.
Esta que navegó hace ya tiempo por los mares azulados que bordean mi islita...

Lengua compartida con un majestuoso Cervantes: paladín de las historias...
Lengua de un Neruda entregado al amor eterno y sin igual...
Lengua de un guerrero como Martí que utilizó como blasón y escudo para la libertad...
Lengua de mi Laura Gallegos: maestra de entrega a la voz de la patria...

Rica en voces cargadas de colores que viajan por cielos azules y albas nubes sin fin...
Con ella se pintan las mil emociones de pueblos distantes...
Con letras de canciones, sonetos, novelas, poemas de amor,
entregamos ideas marcadas con gran ilusión...

Pinta los amaneceres con luces brillantes y sonidos
amorosos
que transcurren en bullicios cotidianos de un pueblo
de honor...
Al atardecer se transforma en magia y candor..
para comenzar los arrullos de una noche de entrega
al amor...

Con agilidad y precisión se amolda al ensueño y
transmite sonora
mil cantos de amor, y así convierte en su dueño
al que pronuncia su voz.
Esta es mi lengua señores, llamada español...
pues la tierra de España fue cuna de
mi idioma español...

11 DE SEPTIEMBRE DE 2001

Todos grises, enlazados, una raza: ser humano
No hay diferencias... todos grises...
Miran hacia abajo sin saber hacia dónde...
Buscan aire, mil alientos se confunden...
Todos grises: caminando...
Todos grises: como hermanos.

La ciudad arde en llamas y todo se oscurece...
El blanco ya no existe, el asiático tampoco...
No hay hispanos, negros, irlandeses: se confunden.
Todos grises: sollozando...
Todos grises: se confunden.

Mil sollozos, solo uno: sofocados...
Triste escena gris, de un día gris...
No hay cielo, ni sol radiante...
Solo una nube gris que lo cubre todo.

Todos grises, mil hermanos...
Un dolor compartido...
Todos grises van vagando...
¿A dónde, Buen Dios? ¿A dónde? *

---

* Poema premiado Finalista en Ateneo de Ponce –
Cuarto Certamen de Poesía 2002.

Could I'll be dreaming

The time is now...
Feeling fresh like a rose
love and love my true love.
I'm not dreaming.
I'm waiting for my time.
The time when I run
through the way of love.
We let ours bodies
resting in peace.
But we forget the past...
Leaving ours memories...
We shall spend the life
in the magic of moon.
The miracles occurs
when I'll be yours.
Don't let me alone
fighting with them.
Only they want,
kill our love.
Only they want,
cut our love.
It's not a dream.
It's the real thing.

Only remember me
as a rain in the spring
or the water in a dessert.

Pure and necessary,
clear and proudly.
I'm not dreaming.
But I could dream.

El fin

Ya se siente en el ambiente,
un rumor de penas y dolores,
un susurro de voces viejas y eternas,
un lamento largo de quienes te soñaron.

Matizado con brumas leves te ves en el espejo...
largo cansancio en el rostro denotan tus lejanos ojos...
la piel marchita por los años y el albo cabello
te delatan...
... y te enfrentan a lo que ya no es engaño.

Un sabor amargo en tu añeja boca
te recuerda hasta dónde has llegado:
–¡Un pecado! –dirán "todos".
–¡Un alivio! –hacia "tus adentros".

Y el rumor se acrecienta hasta palpar tu interior,
y se encuentra con tu ser, tu dolor...
y el susurro te envuelve en un vaivén
y te hace perder el sentido...

Pero entonces, el lamento encadena tus ideas,
provocando ansiedades impotentes,
reclutando voces de la nada para obligar tu mente.
¡Ya todo se ha dicho!:

Bastardo infame que provocas la muerte
por no saber afrontar lo que tienes de frente,
por huir de manera silente hacia un lugar impaciente,
allí donde siempre te esperan y desde donde no regresas...

Fragante pena

Olor a vida que se escapa...
en un torrente insaciable hacia el vacío.
Olor a pena incalculable
que remata el dolor en loco viaje.

Olor a pasados primorosos,
a futuros inciertos...
Olor a falsas esperanzas,
a dolores compartidos en condena.

Olor a sufrimientos verosímiles
para solo aquel que los padece...
Olor a pena inminente...
creada en aquellos que se alejan.

Perfumes de una larga cadena
que envuelve con su espanto al doliente.
Perfumes de la nada que rebotan
en un camino incierto de la espera.

Fragancias de una dulce muerte cierta...
Fragancias de una realidad concreta...
Olores de pasión por la fría muerte...
Olores de entrega, encadenados de penas.

Un momento para gritar en silencio: como siempre...

Ya se acerca la dulce muerte con sus pasos lentos, pero seguros, a tomar lo que le pertenece...

Anhelo que se dilate unos segundos para viajar en los recuerdos por lo que dejé de hacer y quedarme demasiado tiempo en asuntos que no merecían mi atención...

Reviviría los momentos de dolor de mi madre para darme el soplo de la vida y soportar las majaderías mías compartidas por tres décadas... revivir aquellos momentos cuando compartimos penas y alegrías: composición de la vida...

Volvería a ser el niño, que llora ante la oscuridad de la noche y el desconsuelo...
Volvería a ser el hombre, que llora por lo que no lucha como Boabdil...

¡La muerte me haría gritar en silencio, como siempre, por dejar lo que deseo con todo mi alma! Descansar...

Gritaría en silencio, como siempre, cuánto amo a las personas que me conocieron: mis hermanos, mis amigos; gritaría en silencio, como siempre, cuánto lo siento por mis infinitos errores cometidos, gritaría en silencio, como siempre, que no me borren de sus mentes, porque si lo hacen me estarían matando con el sentimiento del olvido.

Gritaría en silencio, como siempre, ante el desespero no haber logrado muchas cosas comenzadas... al dejar a mi amante en soledad... ¡Lo sabes!

¡Gritaría en silencio, como siempre, hasta morir de verdad!

Vivo entre colores

Siento que las luces avanzan hacia mí como sucedió al sacerdote Ezequiel;
no venían solas... allí estaban ellos con sus colores y me dieron a comer del rollo de miel (el mismo que dieron al sacerdote)...
Su dulzura era tal que no se puede describir; y me dieron la encomienda:
"Ve a tu pueblo y da las nuevas de un hombre nuevo por venir..."
"...un hombre lleno de ilusiones para enmarcar las esperanzas en el azul celeste..."

Corrí raudo y veloz por el desierto de gentes agolpadas a mi alrededor.
Gentes matizadas con mil colores en sus estáticos rostros desfigurados por la roja angustia de un siglo de cadenas... creyendo siempre en promesas incumplidas...
Pero atados por ellos mismos sin deseos de liberar sus manos rojas e impolutas...
Llenas de engaños por aquellos que estaban sobre sus cabezas rojas y vacías...

Entre ellos encontré solo uno que poseía mil colores en sus manos...

Y su contraste era tal que lo tenían arrinconado entre mil rayos de arcoíris etéreos y frágiles que lo mantenían en el fondo del desierto de millones de gentes... parecía débil entre ellos; pero era el más fuerte por su capacidad multicolor...

Cuando me acerqué a él me miró sombríamente y sin luz en sus azules ojos...
posé mi mano fuerte en su verde hombre y trató de sonreír, pero sus dientes ausentes no respondieron al destello de luces en el desierto de gentes monocromáticas...
lo levanté con mi mirada azul y lo coloqué a mi nivel...

Miré alrededor esperando a los seres que atendieron a Ezequiel pues sentía su presencia celestial... pero no estaban; solo encontré el rollo de miel en el espacio.
Lo tomé entre mis manos y di a comer al multicolor ser...
Mil disparos de luces coloridas se incendiaron en el desierto monocromático...

Un nuevo ser se levantaba en el desierto de gentes; un ser diferente...
Un nuevo ser idéntico a mí: lleno de colores, lleno de vida y de luz...
Un nuevo ser que siempre había estado pero no le reconocían...
Un nuevo ser: YO... Siempre el mismo con mil ideas de colores y mil voces interiores... pero VIVAS,
con VERDAD, con PASIÓN, llenas de AMOR.

Los seres aparecieron y venían con Ezequiel, ya viejo y cansado, se acercaron a mí
y me entregaron el cayado de la verdad y la justicia... cuando lo tomé en mis manos brotaron mil colores entre el desierto de gentes monocromadas y encendí una llama azul intenso, tan intenso que inundó de colores el ámbito terrenal...

Respiramos colores que nos dieron la esperanza de una nueva vida y saboreamos colores que impregnaron las papilas de nuevos sabores con la ilusión de nuevas sonrisas... fuimos felices entre la nueva raza que recién comenzaba...

Cofre de recuerdos

Yo, que tomé mis palabras y las arrullé en mis cálidos brazos para que llegaran tibias hasta ti; quise dejarte mis recuerdos (alegres y tristes) TODOS en ellas: MIS PALABRAS...
... mis tormentos en la marcha por la esfera azul de incansable paso y mis triunfos en ella porque también los tuve.

Tejí con ardor mis ensueños en hilos dorados, matizados con colores de la tierra..
convertí en emociones mil quimeras humanas para enfrentar el dolor diario de la vida simple que te marca con intolerancia y desconoce el interior de los seres humanos...
¡No fui uno más y eso les duele!...

¡No soy el poeta que te canta ilusiones, soy el cantante de mil sinsabores!
–que te expresa en el verso la verdad de la vida, la cotidianeidad de los seres que se atropellan en las nubes del inalcanzable cielo azul desprovisto
de dioses y ángeles falsos...

¡Qué duros los pasos agigantados por el dolor y el ruido de gusanos a tus espaldas!

¡Qué fuertes las voces llenas de colores agrios que pintan tu espacio!
¡Qué falsas promesas hechas en lagos de mugrosos colores e impolutos olores!
¡Cuánta mentira en los ojos verdosos de los seres que te persiguen!
¡Cuánta falsedad en sus palabras hirientes con sabor a amargura!

Mis palabras fueron, en tu diminuto mundo, un libro de colores para pintar tus esperanzas; para que aprendieras a vivir sin entregarte a la falsedad incolora de la gente falsa...
para que emprendieras nueva marcha con tu mochila de ideas y te convirtieras en el ser que deseas... y retomes mis palabras cargadas de dolor en cada poema y así les dirás a todos: "¡No fui uno más y eso les duele!"...

El semejante a sí mismo

Hace mucho tiempo atrás, don Juan Ruiz de Alarcón nos habló de la semejanza entre nosotros...
Semejanza que estriba en nuestras acciones; en el modo de percibir las experiencias...
Semejanza en nuestros compromisos con los avatares de la vida azul y cotidiana...
Así somos, sin apartar de nuestros sueños etéreos la ansiedad de un encuentro lleno de luz.

Colores radiantes que invaden caprichosamente nuestras mentes polutas de dolores ajenos...
Canciones vibrantes que adormecen nuestros polutos tímpanos de quejidos lejanos...
Pero superficiales caricias en cada poro ardiente de nuestra piel azul de valientes guerreros,
Que se lanzan a diario al tránsito pausado de moléculas virginales que devoran ilusiones.

Somos... eso somos: semejantes a criaturas gelatinosas que se columpian en ramas débiles;
Y aún así no perdemos el equilibrio al sujetarnos a dorados rayos del radiante astro mañanero...
Parecemos frágiles porque nos lo han repetido por siglos, por millones de años, por siempre...

Pero hay esencias a las cuales no conocemos su fragancia hasta que las ponemos a pruebas...

Somos... grandes: gigantescos como torres de la antigua ciudad maya que perdura en el bosque.
Como mares rugientes con lenguas albas y espumosas y un enorme cuerpo azul profundo...
Como cielos infinitos tan azules que se llenan de colores dorados mientras más lejos llegamos.
La meta nunca termina; siempre hay un porqué para alcanzarnos a nosotros mismos: no más...

La búsqueda se hace interna porque allí está lo que buscamos: somos dioses creadores de ideas.
Dioses grandes, gigantescos, ágiles, positivos e imperfectos: nunca la mediocridad; jamás...
Eso somos, aunque no te identifiques así: lo eres, lo somos: avatares azules, fuertes, valientes...
El miedo no existe en nosotros: somos poderosos e invencibles: solo nos resta demostrarlo.

Mi nueva condición en el escenario azul de la sociedad violada

> *¿Qué harías si tan solo te quedara una semana de vida?*
> *... en una semana, ¿qué haría?, lo de siempre,*
> *fingir que vivo.*
> "Boceto de una ciudad silente"
> Ana María Fuster Lamela

Vuelvo a rumiar olores, sabores y dolores del mismo afán: vivir...
Como etiqueta de sociedad ante los conceptos esperados...
Si mi afán es correr desbocado por montes impolutos y lanzarme al encuentro de quimeras inalcanzables en la esfera azul que cuelga en el infinito espacio azul, siempre azul... tan azul como la inmensa profundidad que exhalan los mares...
Tan azul como la inalcanzable luz del espacio eterno e infinito...

Vivir como fieras rumiantes de los dolores ajenos y esparcirlos como todos...
Vivir como parias sin destinos mentales obligados por una sociedad ingenua...

Vivir como volcanes que van destruyendo todo con su ardiente lengua salida de las profundidades infernales de la triste tierra... ¡No!

Eso verdaderamente no es vivir, eso es sobrevivir en la selva humana que nos devora y nos abate con absurdas ideas de civilidad y costumbres... ¡No! ¡Así no!...
No quiero seguir siendo un mero boceto de las estampas sociales de juicios pétreos e incoloros... ¡No!... Ni boceto, ni mera figura de lo que ellos quieren...

Quiero ser libre en mis ideas y plasmarlas con amor verdadero cuando pinto mi cuadro social o cuando esparzo las esencias de amor que brotan de mí...
Quiero llevar el mensaje de unidad no por caprichos sociales... ya de eso me hastié...

Quiero alumbrar con mis versos mil caminos nuevos de seres pensantes...
Quiero colorear un nuevo mundo de voces vibrantes y eternas como dioses terrenales.
Quiero crear una nueva sociedad llena de luces de mil colores eternos...

No evocar recuerdos de violaciones pasadas donde el dolor de los seres marcó los rostros inocentes de mi sociedad auto violada...
Mil voces en una sola garganta para marcar con eficacia el mensaje sonoro de mi nueva y virginal sociedad que camine con paso firme hacia sus metas... conmigo...

Sin ninguna razón para estar aquí

Me acostumbré a estar atado a una cadena roja y sin sentido...
La cual halaban a capricho contínuamente seres despiadados...
La que me hacía sentir que el incipiente dolor se habría de convertir en eterno...
Y abrí los ojos y descubrí mi azul verdad... dolor...

Emancipé sentimientos para que cabalgaran sin freno en el vasto horizonte...
Liberé las congojas que se agolpaban fríamente en mi piel añeja y curtida...
Solté mariposas para que en su colorido vuelo se acercaran a los dioses...
Todo fue en vano en la escena metafórica de lo que es la vida: una ilusión de niños.

Me convertí en un hombre callado; rumiando inquietudes en mi cálido interior.
Me convertí en un hombre silente; coloquiando conmigo mismo en mi ser...
Descubrí las razones que hicieron actuar así...
no soy de aquí...
Descubrí lo que desde niño sabía: soy hijo de dioses ajenos y solitarios.

Dioses que habitan en lejanos mundos de espumas y colores impensables...
Dioses que de un sorbo detienen los mares y esparcen canciones con sus voces.
Dioses que trafican con la noche y truecan los rayos del día para dar esplendor.
Dioses sin guerras, sin armas... dioses que solo llevan amor...

Miré hacia lo alto buscando razones y solo vi nubes que ocultaban el sol.
Volteé tristemente mi rostro hacia el suelo para tomar un respiro...
Hallé solo polvo brillante sin atisbos de crecer...
Polvo solitario en un mundo multicolor...

Caminé hacia la playa para encontrarme con el sol...
Mientras más caminaba, más sentía un fuerte calor...
Mientras más caminaba, más mi azul pecho alcanzaba el dolor...
Mientras más caminaba me convertía en un dios...

La ausencia de mi madre...

Hace mucho tiempo que el arcoíris se destiñe...
¿por tu partida?...
¿por tu ausencia?...
¿por tu lejanía?...
¡No lo sé! Y te busco en las voces de las aves coloridas que aún persisten...

Sé que existes porque tus suspiros albos llegan hasta mí eslabonados con murmullos...
Y penetran por mi ventana azul recién abierta...
Y recorren entre las telarañas de mi cuarto como agilísimas gimnastas circenses...
Y se enredan en sus plateados hilos para hacer piruetas de mil colores...

Las luces se disparan para anunciar tus suspiros, pero llegan vacíos hasta mí...
El arcoíris poco a poco se destiñe porque no estás...
Así mi corazón se detiene extrañando en cada color tu azulada voz llena de caricias...
¡Te extraño!

Sin tregua

Me convertiré en el otro:
vivo y vibrante, no el pasivo que conoces
y me olvidaré del pasado porque ya no existe...

Seré guerrero imparable de continuas luchas
y viajaré por mil mares,
porque ya soy otro.

Reconocerás mi figura
coronada de cicatrices,
de vivencias añejas
donde se columpian las penas
cargadas de dolores que ya no sienten.

Y dirás: no es el mismo que conocí hace apenas tres lustros.
Levantaré las banderas que señalan al cielo
despejado y transparente de ideas y sueños.
Y así reconocerás que me convertí en otro.

Oleré los colores que distinguen tu mundo
y vagaré como heraldo de tu voz por el mundo
para crear la geografía de países remotos
que te sirvan de guía y alienten tu rumbo.
Porque hoy yo soy otro
y construyo mi mundo.

MENTIRAS

Llegué hasta ti cargando mil ilusiones...
Lleno de esperanzas ante un nuevo reto de entrega.

Me convertí en eslabón de promesas y cálidas caricias.
Compartimos ideales y fuimos fieles amantes sin penas.
Recorrimos lugares impensables y viajamos al infinito.
Todo nuestro espacio lo fuimos construyendo
con anhelos
para hacer caluroso nuestro nido de amor.
Todos los días inaugurábamos caricias nuevas
dibujadas suavemente en nuestros cuerpos.

Pero llegó el gélido tiempo de mentiras...
Ya no éramos los amantes furtivos.
Nos convertimos en costumbres sociales,
en títulos, en nombres, en ellos...
Representamos esquemas establecidos
y se nos relegó al extremo...
Saludos sociales, encuentros lejanos...
La maravilla se fue de nuestras manos...
Las ilusiones viajaron en fatuos carruajes...

¡Dejamos de ser nosotros!
Y vivimos ahora como ellos: una vida de mentiras...

Yo el creativo

Ahora..
inventaré mariposas de colores
y aves cantoras de mil voces
para que alegren mi espacio
y den luz y calor a este vacío
que acapara mi espíritu.

Ahora...
inventaré melodías vibrantes
que acompañen las aves
y les daré el poder de viajar inmensidades
para que lleguen hasta ti
y acompañen tus sueños.

Ahora...
escribiré mil poemas con una sola palabra,
la que solo te digo en la oscuridad de la noche.
Esa palabra cálida y de colores brillantes
que te llenan de luz tus luceros faciales.
La palabra del cristiano aprendida en la cruz,
la palabra sincera que pronunció el Maestro,
el eterno Maestro de nombre Jesús.

Ahora...
te diré la palabra que nos llena de ensueños
que nos hace partícipes de amores eternos.

La palabra que describe la acción más perfecta
que describe al ser de conciencia directa.
Mágica palabra de sin igual referencia:
Amor...

... y desde entonces:
Inventé la alegría y llené mi vacío.

Oración de los impensables

Lamento haber pensado
romper todas mis promesas,
recluirme en el claustro de una sala oscura y solitaria
donde los olores añejos se agarran a las paredes,
y recorren sigilosos cada espacio de la sala;
donde los colores inundan los ojos cansados
de quienes los observan sin alientos
para gemir o tal vez murmurar sin fuerzas
que se escapan fríamente las ansias de vivir
y repetir los mismos errores del vacío pasado.

Promesas que fueron hechas en la dulce edad temprana
donde el mundo se sorbía en suspiros de caricias,
cuando se agolpaban en la piel dolores de placer
y se confundían ambos para dejarnos saber
que vivíamos.
Promesas que hicimos grande.... (eso creíamos).
Promesas que nos hicieron grande... (eso pensamos).

Y hoy pensé en romper todas mis promesas,
las que me hicieron grande... y temí...
porque me sentí vacío y sin fuerzas
cuando de mí te alejaste...

Y sorbí lentamente el amargo recuerdo del dolor añejo
que me acompaña siempre en mi vagar errático
en esta esfera;
la esfera azul donde siempre pensamos en
construir lo nuestro.

Pasos seguros

Caminando lentamente en la espuma cálida de la vida
hacia el vacío eterno que a todos espera...
La senda amplia recorrida se convierte en vereda fina
que nos acerca los muertos.

Caminar.

Como siempre hemos hecho:
mirando de frente a los escollos del camino.
Sobre veredas sin barreras y sin límites
para que podamos dirigirnos con pasos seguros.

Silenciar.

Caminando en silencio por la verde vereda
que nos lleve hasta el prado eterno y frío
donde abundan las ideas revoloteando como abejas:
diligentes, atareadas, sin descanso por la muerte.

Expirar.

Arrastrando con firmeza los pesados y seguros pasos
que conducen al descanso y nos hacen eternos.
La seguridad de ese tiempo no la quita nadie,
solo nosotros sabemos de ese transitar eterno
porque es el único que se recorre con pasos seguros...

Sombras

Párate ante la luz implacable y abrazadora del sol.
Llena tu espíritu de nuevas ilusiones
e imagina que compartes sensaciones nuevas con otros
pero ante todo: asegura tu sombra.

No la pierdas por nada, es tuya.
Identifica lo que eres en esencia y ser
en el esférico ámbito azul de tu mundo.
Representa a su vez una imagen: tu imagen.
Muchos la llaman el negativo de tu cuerpo; no es así.
Es esencia, es ser, eres tú en la penumbra.

Recoge tus miembros y ella lo hará también.
Expande los brazos al infinito y también lo hará.
Respira, piensa... vive... manifiéstate...
Entrega tu pensamiento a la luz eterna del infinito...
Busca entre los colores el que más se asemeja
a tu espíritu.

Crea... siente... vibra... ocupa el lugar...
Déjate llevar por la brisa cálida del sol tropical...
Siente en tu cuerpo la penetración de los
rayos dorados...

No te apartes, en la entrega ambos sentirán
que este encuentro
es la anhelada entrega de una virginal experiencia
de colores.
Es tu sombra, no la pierdas, asegúrala y evoca los azules
momentos en que de niña jugabas con la brisa...
con el mar...
con el cielo... con las nubes... con el sol... con tu dios...

Definiéndome

Resulta difícil definir quién soy...
Para muchos: un ser humano sencillo y creativo,
que le gusta vivir en su propio
mundo... un poco solitario, tímido, callado,
de carácter afable y muy cooperador.
Para otros... lamentablemente vieron el lado distinto de
mi verdadero ser...
Vieron un ser egocéntrico y altanero...
Que no escucha a los demás y siempre está a la
defensiva...
Tal vez este sea el que me define... ¿...?
Porque reconozco que a veces tengo esas cualidades,
y las ejecuto pero sin querer hacer daño a nadie.
Aunque adoro la soledad, el silencio y la buena
lectura,
también tengo mis momentos de diversión sanamente,
ya que me gusta caminar por la playa, escuchar música,
dibujar, ver un buen programa de televisión, oler las
flores, llorar sin motivos...
No vivo solo el momento, pienso en el futuro y cómo
vivir tranquilamente...
Creo en el compañerismo, la amistad y en la unidad de
cada uno de los seres humanos que habitan esta pequeña
esfera azul...

Me gusta compartir ideas y conocer otros modos de vida respetando las opiniones de los demás...

No soy Dios: (pero lo veo todo)...
y no soy perfecto (pero busco la perfección
en todo lo que hago)...
Cometo errores (como todos) y reconozco cada vez
que lo hago (como pocos)...
Así simplemente me defino, un sencillo ser humano, lo máximo: SER HUMANO.

Hermana

A mi hermana Carmen Luisa (Milí)

Acojo en mi mente remembranzas añejas,
de nuestros tiempos de niños,
cuando del barro hacíamos, en tiempos lluviosos,
barcos de velas, muñecas sin dedos,
casitas de ilusión... habitaba alegría....

Me remonto a los tiempos cuando hacía calor,
nos íbamos a la playa, inventábamos juegos,
recogíamos piedritas, vidrios pulidos,
pequeñas conchitas o un gran caracol...
O íbamos a la quebrada y soñábamos tú y yo...

Pequeñas cosillas que nos llenan de valor.
Aprendimos con juegos ansias de libertad
que conseguimos con luchas y nos hicieron crecer...

Hoy te miro y te siento cada día más humana.
Aprendiste y aprendí, que la vida juega duro...
Que a veces nos entrega amargo dolor...

¡Pero, qué valiente has sido... mujer de ilusión!
Nuestros juegos compensaron nuestros sueños de amor.
Te colmaron de paz y trajeron razón...

Hijos hermosos, de gran corazón, ya nietas alegres que entregan amor...
Y tú convertida en cuerpo de amor
para hacer de este tiempo:
el encuentro con Dios.

Mi mejor regalo

Cargado de pesados y rústicos libros añejados
llegó hasta mí.
Levantó, dibujando colores en el aire, sus bracitos
inocentes e impolutos
para que bajara mi cabeza hasta él...
y me besó tiernamente...

Corrió como todos los días hasta su inmaculado cuarto
y buscó sus juguetes preferidos cuidadosamente
ordenados,
abrió la puerta traslúcida del patio rectangular
y se dispuso a jugar tranquilamente como en su mundo
de ensueños...

Lo miré tiernamente... como se mira a los ángeles.
Lo miré callado, con amor... como se mira a los ángeles
en el cielo...

Dejé el periódico sobre el asiento con las noticias falsas
del nuevo día...
Y entré hasta su cuarto...
Recordé las horas azules en que allí pasé.
Palpé cada pared impoluta con hondo anhelo...
Sentí la emoción de mil olores llenos de recuerdos...
Recordé mis años de infancia, recordé una canción...

Salí del cuarto llorando lágrimas de mil colores que invadían las paredes
impolutas y dejaban en el aire olores a mil alegrías de antaño...
Cerré la puerta con el pecho lleno de emoción...
Había crecido... perdí la ilusión...

Compaginando

En el cofre azul de mil ilusiones humanas,
pero inmortales,
cuando palpitaba mi corazón abrumado por
la pena de tu adiós,
encontré un hermoso cofre dorado...
Y lo abrí con el corazón cargado de mil emociones...

Una foto, un recuerdo, un viejo recorte de mi
artista favorita: La Chacón...
Y guardado entre ellos: un mechón de dorado cabello...
Rebusqué sin ánimos de seguir y sin
anhelos de alcanzar;
Y encontré este poema que ahora te cuento...

–El amor es un beso de Dios (del justo, del amable)...
entre dos seres sencillos como tú y yo...
Dos seres humildes cargados de alegrías y
compartiendo como niños...
Que en sus sonrisas inocentes y puras esparcen como
burbujas su cariño...

Con el brillo azul de la luna se entregan...
Y ante el gran Dios (el justo y amable), amor eterno
se juran.
Y en la tibia cama de olores puros y sabores humanos...

Cada madrugada vuelven a hacer el amor con
ímpetu y ganas...
Al tomarse de las manos aún ardientes sonríen...
Porque saben que el Dios justo y amable los ilumina...
Y comparte con ellos la sana alegría...
De saber que ellos no se apartan de su ruta.

Al cerrar el cofre dorado
recordé ese hermoso tiempo pasado
en que fuimos dos seres unidos
y que como nosotros nadie nunca ha amado.

CADENAS

Siglo XVII, hombres oscuros...
Siglo XX, hombres sin rumbo.
Atados a fuerzas.
Atados al dolor.
Caminando sin vendas.
Caminando y sintiendo.
La lluvia cayendo en el techo
De su hogar que es pasión.
La lluvia borrando la triste huella
Que dejó en ellos un amor.
Atados a fuerzas.
Atados al dolor.
Caminan bebiendo su mismo dolor.
Mirando hacia el lodo que deja el adiós.
Mirando tan solo el camino peor...

Lección

Corozo fuerte es mi voz...
que quiere gritar al dolor
de ver mi pueblo sufrir
de ver los hombres sentados
de ver el tiempo correr
y no hacer nada, nada...

Pitirre valiente y veloz
sobre los montes, volar...
Zorzal que en la palmera
día a día se pone a cantar.
Cantar a la patria triste,
dejada en el rincón del olvido,
de hombres que no luchan con amor
sino con ideales de tambor;
ruido que opaca cualquier corazón...

Yagrumos que en la montaña
al hombre muestran lección:
Cambiar al compás del viento,
vivir sin dejar de ser...
Orgullo que siente un pueblo
cuando ve un ideal correr...

Preludios de mi alma

Un suspiro profundo y lejano desde las entrañas
de mi ser se esparce lentamente en el aire...
Evoca pensamientos inútiles de ideas otoñales que
invaden mis praderas cargadas de sueños...
Suspirar por lo vivido; suspirar por lo soñado;
suspirar por lo incoherente de este mundo...

Voy soñando entre nubes azules cargadas con
las realidades de mi ser...
Va preludiando mi paso entre ellos que cargan
en sus hombros falsos dioses...

Bello preludio inundado de ilusiones prometidas
por conceptos creados por mil dioses...
Bello preludio poluto de palabras tantas
veces dichas al oído...
Bello preludio de canciones inconclusas a la luz
del atardecer...
Infinitos sueños inalcanzables con el frío tacto
de las manos ásperas e inútiles...
Intermitentes latidos de los corazones rotos por las
promesas de los mil dioses...

Dioses que han habitado desde tiempos ancestrales
en las paredes piramidales de tu ser...

Dioses que como el casi inmortal Aquiles se arriesgan
a caer en el despeñadero del olvido...
Dioses como Poseidón que hieren con su tridente
cada palabra que tratas de pronunciar...
Y te callan porque no eres un dios como ellos...
burla total de la ironía humana...
Y te golpean a pedradas en cada intento de quebrar
el silencio de tu mente...

Y el suspiro se pierde en sus cabezas cubiertas
de mentiras acostumbradas a lo cotidiano...
Aunque trate de llegar a ellos no se logra pues
al igual que Penélope siguen tejiendo mentiras...

Solo somos buenos cuando navegamos en los mismos
mares y surcamos los mismos cielos...
Solo somos útiles si les entregamos nuestra alma...
para cubrirse de glorias... tontos...
Solo te admiran si sigues sus pasos... inseguros...
frágiles... de engaños... vividores...
Y recurren a Ezequiel: *El camino del hombre recto está por todos lados rodeado por la injusticia de los egoístas y la tiranía de los hombres malos...* cuando se sienten perdidos: siempre...

Por eso en mi burbuja impenetrable no hay cabida para ti... mala sangre...
Prefiero convertirme en un dios implacable antes que seguirte... inútil...
Prefiero seguir siendo lo que soy...
Prefiero ser yo...

Ese soy yo

No has percibido mi presencia cuando me he
acercado hasta ti...
Soy el dorado rayo de luz de tu alegre amanecer...
Tú siempre lo descubres más tarde...
Pero siempre te envuelvo con mi amor puro
sin esperanzas de verte latir...

Tú nunca has escuchado mis susurros en tu oído...
Soy el cálido susurro azul de la noche...
Hasta lejanos lugares viajas mentalmente...
Tú nunca descansas de moverte...
Siempre vas buscando algo en nuevos lugares.

Tú intentas recordar mi físico...
Pero los rostros deformes de tantos seres que habitan
en tu mente no te dejan...
Ninguno de ellos tiene mi rostro multicolor y exacto.

La lluvia vaga lentamente en el espacio azul
de las ideas...
Van cayendo gotas frías en tu frente árida y triste...
Una de esas gotas frías soy yo que te envuelve...
Desde entonces la lluvia libera su pureza y te hace vivir
lo que mi alma siente...

Remembranzas

Mi memoria rumia en el espacio como
espía de ladrones para robar de nuestras
mentes las ilusiones vividas en otros tiempos...
...encuentra una flor mustia por el tiempo y
rememora un campo de pasiones ardientes...

Levanta un caracol de nuestra playa – hoy solitaria...
Y escucha las olas del mar lejano, pero
siempre nuestro, como mudo testigo del amor...

Recibe los suspiros ardientes del sol en la
mañana cotidiana y hambruna de amor...
Y saborea en el espacio la tibieza
amorosa de los besos nuestros ya lejanos...

Recorre amorosa mi piel desnuda llena de
arrugas donde antes posaron tus tibias manos...
Y se queda murmurando palabras
multicolores que recoge en el espacio...

Sorbe lentamente los suspiros dejados
en el cuarto tibio que fue nuestro nido...
Y sacia incansablemente una
antigua y lejana sed del amor vivido...

Acaricia el aire buscando en el azul
cielo una esperanza que brinde consuelo...
Y las nubes se alejan hacia cielos infinitos
del universo...

Se aleja fatigada como espía...Y regresa a su espacio...

Rumia lo vivido...
Y se deposita lentamente y cansada en el abismo cruel
de lejanos tiempos...

A Juana de Ibarbourou [QEPD]

Se te ido América, se te ha ido...
Ahora Ella está como una vez dijo:
"con las manos cruzadas y apagados los ojos,
con los oídos sordos y con la boca muda".

La perdiste América, la perdiste.
Solo te quedan recuerdos de tu querida hija,
la que te cantaba triste, te dio la despedida;
la que te dijo un día: "América, ¡América mía!"

¡A soñar América, a buscar en lejanías
la hija que perdiste, la hija que querías!

Pero no vayas sin rumbo... no,
Aún te quedan hijos que te cantarán como Ella,
que elevarán mil loas en honor de las dos:
a mi Juana de América, a mi América de amor.

REDESCUBRIR

Posar mi mano dulcemente
y sentir ansioso tu piel ardiente.
Quemar mis manos con deseo
en tu cuerpo... deseo... con anhelo.
Volver a vivir a través del tiempo
y recordar quimeras a destiempo.

Eso provocas en mí, mi cielo.
Eres luz que perdí en el tiempo
por vivir como viven los hombres necios,
por buscar en otros cuerpos
quimeras sin aliento.

¿Cuánto tiempo pasó?
No lo sé; mi corazón desierto...
¿Cuánto tiempo viví?
Si el vivir fue el remedio...
Me acompaña como siempre
mi soledad en consuelo.

¿Cuánto tiempo pasó?
Tus pasos a lo lejos...
¿Cuánto tiempo viví?
¿Por qué?

¿No crees que estoy muerto?...
¿Acaso es vivir, con este deseo?
¿Acaso es vivir, muriendo en deseos?

ABRÁZAME

Hazme sentir que te importo
que no solo soy un juguete,
un pequeño ser diminuto
que entre tus manos se pierde.

Hazme sentir que estoy vivo,
hazme sentir que respire.
Que me falte el aliento,
que me ahogue por dentro.
Que tu boca la mía obligue
a besarte con fuerzas
y sentir en mi piel anhelante
una caricia dura que mi triste piel hiera.

Abrázame y ahógame en tu pecho
que me olvide de todos,
que me sienta yo eterno;
pero ahógame fuerte
y ahoga mi aliento.

Humo y cenizas

A Windy

Se consume el cigarrillo,
se esfuma el pensamiento...
Viajo a través del tiempo
y recorro colinas doradas.
El sol me quema y soy feliz...

Aquí hace frío pues estoy solo...
En mi cuarto: libros, una mesa,
una silla, un armario y una cama...
me acuesto y la almohada...
sobre mis penas.
La abrazo y la acaricio
creyendo que eres tú...

¿Por qué estar separados?
Porque lo quieres tú...

Se enciende un cigarrillo...
Todo vuelve a ser igual...

Quiero un sendero

Quisiera viajar en el tiempo
y descubrir rumbos nuevos
para calmar estas ansias
que me queman por dentro.

Quisiera no ser guiado
y que nadie esté a mi lado
porque así en soledad
tengo más libertad.

Libertad para escoger
aquello que me provoque,
aquello que incite en mí
la pasión y el placer.

Porque es triste vivir así
recorriendo por lugares
donde ha habitado el amor
y va en busca de otro viaje.

No quiero ser como todos,
mi meta es identificarme
ser yo siempre... siempre...
y jamás igualable.

Por eso busco un sendero
que me conduzca al amor,
no al amor pasajero
pues ese causa dolor.

Busco al amor inocente
el que sufre como yo,
que ya sabe qué se siente
lo que es el desamor.

Un 16 de noviembre

A un artista

Volará una gaviota
Otra vez sobre la mar...
Recorrerá los lugares
De nuestro caminar,
Y cuando ya muy cansada
Vuelva a tus brazos abiertos
Le darás un abrazo
Como símbolo de paz.

La gaviota muy contenta
Volverá a volar
Y mirará hacia atrás,
Te verá llorar y regresará...
Le dirás que aún esperas
El amor de tu vida, el eterno sonar...
Ella con susurros cristalinos,
Con la dulzura virginal,
Te dirá consolándote:
Hay muchos caminos
Y solo uno para llegar...

Llegará otra gaviota
Y la tuya se irá...

Y te quedarás muy solo,
pero al mirar hacia atrás:
Allí me tendrás...

TRAYECTORIA

Una vez dije que rumié recuerdos ajenos...
Hoy digo que palpé corazones insinceros...
Que viví desventuras: es cierto...
Y que habité en amarguras: no miento.

Pero hay una luz que alumbra mi sendero.
¡Si la hubiese seguido antes...!
Me aferra a su fulgor con gran esmero
Y me agita las ansias y las hace vibrantes.

Ese camino de luz lo trajiste tú,
Con tu sonrisa clara,
Con tu cuerpo ardiente,
Con los besos sinceros como los das tú.

¡Quiero ir por esa ruta de Victoria!
¡Quiero comenzar otra historia!
¡Quiero visitar tu Gloria!
¡Quiero emprender nueva trayectoria!

Mi gran dolor

Vivir encerrado... aquí...
Vivir sin vivir...
Corriendo por puertas,
Corriendo por piedras...
Volando sin alas...
Volando sin aire...
Llorando por verte...
Llorando por no verte...
Esperando que todo pase y ser feliz.
Esperando que el mundo me lleve hacia ti...
Mi gran dolor es vivir.
Mi gran dolor: haber nacido.
Mi gran dolor: no entregarme.
Mi gran dolor: llegar a amarte tarde...

Nobody

Más fácil les será:
Vaciar los mares de un sorbo;
Contar las estrellas del cielo;
Atrapar el viento en un abrazo...

Nadie podrá jamás:
Comparar el amor que por ti yo siento;
Descubrir lo que llevo por dentro;
Besar tus labios como yo los beso...

Más fácil les será:
Caminar en el desierto;
Obtener de un muerto un gesto;
Reverdecer un árbol seco...

Nadie podrá jamás:
Acariciar como yo tu cuerpo;
Obtener de tu boca el aliento;
Amarte nunca como yo lo he hecho...

Añorando...

Penas amargadas adheridas a mi espacio...
acróbatas de ideas sin poder revivir...
Llenas de sinsabores rupestres en colinas de niñez...
conservando mil olores en el pensamiento...
el olor de pieles gastadas por el tiempo
de voces extrañas,
que ya no salen de mi boca,
que ya no habitan en mi alma...

Valijas conteniendo dolores pesados y mustios...
por tu aliento helado dejado en mi fría piel...
compartiendo deseos de bocas ebrias
de amores imposibles
y sintiendo desasosiego en mis
azules venas ardientes...

Añorando esos recuerdos de pieles castas...
donde nos entregamos en los surcos
de olorosas tierras...
y depositamos amores nuevos en cuerpos de niños
acariciando torpemente nuestras blancas penas...
sin testigo, solo nosotros en fugaz aventura...

Más allá de las ideas

Convertir tu voz en una estrella lejana y fría,
y se vuelve en tosca caricia de verdades eternas.
Caminar por un largo sendero de falsas ideas...
en busca de un nuevo amor.... ilusión vana...

Vagar como gitano sin ruta en bosques infinitos...
es transitar por caminos de espumas infantiles;
es calibrar los átomos sin sentidos;
Es maniobrar sin destrezas esta embarcación casta...

Sostener cada suspiro entre mis manos torpes...
detenerlo todo en un instante
para entregar con pasión mi ardiente tacto...
y así amarrartea mi sangre con fuerzas...

Para columpiar entre las nubes nuestros abrazos...
ir más allá de los tiempo y de las azules ideas...
Porque en un gemido nuevo transformé tu voz lejana...
en caricia pura de amor esta madrugada...

At night

At night... alone...
I think is the best time:
For love, for passion and sex...

But I'm alone...

Cold bed, dark light...
And I'm excited...

Could you think in me?
Could you come to me?

Not tonight?
Maybe tomorrow?

... but I want you now!
... to be with me...

Me enseñaron

... a vivir como lobo marino...
Solitario sobre el verde mar...
...a sentir Dolores eternos...
Sin tan siquiera gemir...

... a vivir como paria errante...
Detrás de un rayo de luz...
... a callar como mudo mendigo...
Cuando estoy junto a ti...

Así me siento... así yo vivo...
Enclaustrado entre cuatro paredes
porque si salgo puede ocurrir
que me fije en otro camino
y éste que llevo a cuestas no pueda seguir...

Me enseñaron a ser uno más...
... cuando más yo quería vivir...
... a ser yo eternamente...
... a ser yo... y ser feliz...

Mañana

Despertaré muy angustiado...
Tal vez sin ilusión...
Quizás muera de pena,
Por la dura situación.

Me marcho de tu lecho
A contar penas de amor
Tal vez sea el de antes:
El hombre sin ilusión.

Mas recuerdo aquel instante
En que tuve un corazón...
Y sonreiré nuevamente
Para cantar una canción...

Recorreré el azul cielo infinito
Con mi estridente y sencilla voz...
Y así, consolaré a los mil dioses imperfectos
Con una dulce, cálida y tierna canción...

Mañana abriré nuevas puertas
Para dejar entrar el calor
De mil nuevos colores del cielo
Que pintarán mi mundo de amor...

Mañana caminaré sin prisa...
Vagaré como Abraham perdido...
En un desierto lejano por la voz de
un caprichoso dios...
Descubrirás que soy eterno y cantarás
mi azul canción...

A mi hijo...

Hijo mío nunca nacerás...
No podrás porque no quiera,
Sino porque me duele...
Ver tantos niños sin sonrisa,
Ver dolor y tristeza...
En cada cara angelical.

Para ti quiero la Gloria,
Para ti quiero la Paz...

Porque si vienes hijo mío,
Nunca comprenderás...
Porque solo odio y guerras,
Por doquier encontrarás...
Y tu alegre sonrisita,
Un triste fin ella tendrá...

Para ti quiero la Gloria,
Para ti quiero la Paz...

He resuelto hoy por eso...
Que a mi casa no vendrás.
Aunque sabes que yo adoro
Cada niño por igual.
Pero a ti no te permito
a mi casa hoy llegar...

Para ti quiero la Gloria,
Para ti quiero la Paz...

Porque si vienes, hijo mío,
Jamás me perdonarás...
Que te haya yo traído
A este mundo sin bondad...
Por eso te pido hijo querido
No vengas, por piedad...

Para ti quiero la Gloria,
Para ti quiero la Paz...

No me juzgues, hijo mío...
No me juzgues por piedad...
Pues allá lo tienes todo
Aquí no hay felicidad...
Déjame aquí hoy SOLO...
¡Déjame por piedad!

Para ti quiero la Gloria,
Para ti quiero la Paz...

Nube gris...

... que me envuelve en su triste y lento paso...
... que me roba el colorido descanso...
Portadora de penas amargas...
De cálido llanto y hondo dolor...

Como un jinete alocado del valiente Atila,
Que me envuelve en su sangriento paso...
Como ladrón de Oriente, misterioso y oscuro...
... que me roba el colorido descanso...

... que me entierra en su fría bruma...
... y me deposita en su dura y mullida duna...
Caprichosa y errante...
... viajas en la azul esfera y te veo distante...

Trágica y portadora de augurios siniestros...
Para acabar con mis tristes penas sinónimas...
Por volcar en mi valle de dolor...
Íntimas caricias sin lunas...

... que te alejas...
... que te alejas...
Y te conviertes en lluvia...
... como lágrimas del cielo...
... ¿o serán las mías?...

Más allá...

Abrir los ojos a un nuevo y azul mañana...
Y descubrir los primeros olores
de una rosa temprana...
Ver en tu angelical rostro una nueva y amplia sonrisa...
Un nuevo y tierno amor en mi puerta...
esta vez sin prisa...
Amar a un ser ancestral que te brinde
Dulzura y paz sin límites,
Es descubrir que tú vives,
Es descubrir que tú existes...

—Te encontré cuando pasaba
Por un duro momento
Y desde ese mismo instante
Descubrí que ya te amaba...

Por eso... Este, mi amor,
Irá más allá de los tiempos...
Porque en ti yo encontré
El amor y la paz a un mismo tiempo...

Y más allá del azul cielo...
Donde habitan los caprichosos dioses insensibles
Mi alma viajará entre las nubes
Para alcanzar tu voz que se esparce en los altos cielos...

Más allá donde se confunden los rudos ronquidos
de los dioses...
Más allá de los pensamientos humanos...
Más allá te alcanzaré con mis manos
Convertidas en suaves pétalos de gardenias eternas...

Años

Son como esporas multiplicadas a la hoja...
Silentes como oscura noche sin luna...
Y son años, muchos, demasiados...
Tantos que ya ni recuerdo...
El color de tus azules ojos amados...
El sabor de tu oscura piel en mi boca...
El contacto ardiente en la sensual alcoba...

Años que purgan mi pena...
De saber que te has ido...
A sonreír en otra piel ajena...
A sentir, a vivir sin cadenas...

Años que te busco en las blancas olas...
Donde te fuiste una tarde tierna...
Y quedé como dura roca en la tibia arena...
Acariciando quimeras en vibrantes penas...

Años muchos que me dejan ciego...
Que me quitan el tibio aliento de mi triste voz...
Años mucho que me roban el brillo de mis
dorados ojos...
Y me devuelven fríos copos de ardiente nieve...

Años sin consuelo...
Que se quiebran mustios...
En mi triste vuelo...
Para alcanzar el camino hacia el azul cielo...

Peregrinar póstumo

Sé que te acercas... fría...
Sé que vendrás... eterna...
Presuroso organizo mis ideas
Para enfrentar "tu" largo proceso
Y dejar a los "seres" más tranquilos,
No conformes, porque les será difícil
Y tal vez no entiendan "mi" proceder...

Tras los pasos lentos en que todo se reviste
Vas atando "tu" nudo a "mi" espalda rota
Y me envuelves en experiencias pasadas
Revividas por "tu" empeño.

No hay reclamos... ni culpas... solo Tú...
Porque en la postergación del destiempo
Se avalanchan amarguras en los recuerdos
Y no es "tu" culpa, es "mi" empeño...

Si me doy sin entregas a "tu" reclamo
No es porque esté derrotado...
Jamás he conocido la derrota (¡es cierto!),
Tal vez malos momentos vividos
Entre fortuitos y esquivos encuentros,
O dejadez de "mi" parte, pero no derrotas...

Llegas... poco a poco... lentamente...
Fríamente... te siento...
e-s-p-e-r-o "TU" e-n-c-u-e-n-t-r-o...

Inminente

Percibo un rumor ardiente en mis espaldas...
Un rumor de muerte que corre desbocado por mis poros...
Ya todo es gris, sin sabores, sin olores...

La luna blanquísima se humaniza,
Extiende su mano, acaricia la mía,
Me infunde calor, me inspira alegría...

Murmura mi nombre para que despierte del sueño,
Abriga mi pecho en su áspera piel de lejana niña,
Besa mis ojos cansados...

Deja una lágrima ardiente en mi mejilla...
Anhelo hablarle, mas no puedo...
¡Un grito en silencio se agolpa en mi alma!

Un grito de recuerdos, de momentos eunucos,
Truncados por ideas impuestas, por motivos sociales...
¡Por vivir como tantos!

¡Qué ilusión de la nada! ¡Qué tontos en desgracia!
Me iré ya muy pronto junto a mi luna amada...
Seré uno más en su larga y helada estela celestial...

Inminencia que vibra en cada átomo de mi piel,
Permíteme dejar a mi amante el anhelo de vivir,
Permíteme entregarle el derecho a vivir...

No veré...
Solo gritaré en silencio, como siempre, exijo
este derecho mío...
¡Quizás el último, el que siempre me acompañó!

Visiones

Mundo transparente de alegrías eternas...
Falseado con burbujas en esferas de colores,
Etéreas visiones de lo que impuso el hombre...
Mundo "Hecho a su Imagen y Semejanza"...

Consuelo al saber que se abandona en un frío lecho...
Cuando las penas invaden las entrañas de recuerdos...
Dolor de lo que se deja a medio camino...
Infortunios logrados en la ruta de hombres...

Soñando con altos palacios en agrestes montañas,
Rumiando voces, unas traen alegrías, otras... ¡NO!
Triunfos, muchos ganados con sudor, por pone fe...
Por reconocer mi valor...
Temores, muchos infundados por seres sin piedad...
Razones, todas ganadas y arraigadas en poder...
Esperanzas, pocas, inútiles, alejadas... con dolor...

Nuevas teorías de la existencia de un dios,
—corrientes eternas del ser...
Dios, no palabras... Dios: emoción, acción...
Todos lo proclaman, pocos lo ejecutan en su
diario proceder.

Encuentro de ideas nuevas cada día al andar,
Cada mañana de ensueños cuando tus órganos
funcionan,
Todas acuden sin premura a tu ser,
Para abarcar emociones, para hacerte ver...

Visiones de un mundo, hecho a la imagen y semejanza
de "ellos",
Acomodando a su antojo sus ideas, acortando
el espacio,
Provocando dolores a los que piensan diferente,
Provocando el desprecio, reafirmando el dolor...

Los heraldos de colores

Humilde respuesta a Machado

Nos buscamos golpes en la vida: golpes suaves
y fuertes... ¡Yo lo sé!
Golpes como del odio de los dioses, son muchos,
yo lo sé, y ante ellos,
Ponemos todo un horizonte de sufrimientos de colores
que nos marcan...
Y trastocan de dolores nuestra alma... ¡Yo lo sé!

Son muchos, tantos que abren surcos gigantes
de muchos colores
En las espaldas de mil hombres azulados postrados
en la espera del castigo.
No son potros de bárbaros atilas, son nuestras acciones
en desbocada carrera
Que nos conducen diligentes al encuentro con la Muerte
Inminente y Eterna.

Son nuestros pecados heredados de sociedades
ancestrales y que como tontos
Seguimos cargando, creyendo en falsos dioses y
en inútiles vírgenes violadas
Por ángeles rojos llenos de sudores agrestes y las albas
desplumadas...

Y por eso nuestra impoluta alma rebautizada se nos
quema en la hoguera social...

Y nosotros... hombres pobres y pobres hombres,
seguidores de ilusiones cotidianas
cargadas de dolores fríos y sabores tristes
de una vida vana y vacía;
Creada por los dioses rojos, mentirosos de la historia
de nuestro verde y tropical...
Pueblo antillano que se rige por ideas ancestrales
y manejadas por costumbres.
Miremos tristes con ojos cerrados a la verdad de la vereda
infinita de un mundo falso y grotesco
heredado obligatoriamente
sin atisbos de libertad...

Nos buscamos los golpes, suaves y fuertes, porque nunca
hemos sido libres:
¡Yo lo sé!

Esperando...

Desde hoy muy lentamente en el borde de la banca azul
te espero...
Me convierto en valiente águila vigilante de tus pasos,
Que se bifurcan en senderos inimaginables entre
el espeso mar que llevan a mil puertos.
Soy quimera en tus pies cansados,
Tristes y silentes por el tiempo,
Soy tu sombra y tu luz.

Quise viajar hasta ti para disipar mil penas,
Dejando atrás en las mil bocas hirientes: mi esencia,
Y desde el umbral cansado de aquella puerta
que nunca se cierra,
Me convertí en un lejano recuerdo...
Como una marca que se deja en un árbol vencido
por el viento.

Me convertí en voces ardientes en tu frío silencio,
en fuerte huracán esperando la calma,
fui llama helada en tu volcán,
esparciendo colores de un arcoíris sin brillo,
y fui uno más que se quedó sin tiempo.

Hoy soy nieve helada y soy fuego,
un terreno árido lleno de grietas por el tiempo,

y como árbol otoñal me olvidé de la primavera,
la que evocas constantemente en tus triviales sueños,
y se hacen ecos cada instante de tu vida.

Por eso como Penélope paciente espero en mi puerto,
el barco que trae miles de recuerdos,
un cambio en tu vida, sonriendo sin tiempo...
Y sigo esperando un poco de aliento...

Espejo roto...

"No existe la libertad, sino la búsqueda de la libertad,
y esa búsqueda es la que nos hace libres."

CARLOS FUENTES

Traficando mis nuevos dolores vagaba entre cabezas despeinadas por el justo viento mañanero.
Imitando a Cortázar me indigné de pasiones perdidas por la procacidad del tiempo...
Te convertiste en mi espejo, donde para ver mi exterior tenía que mirarte con esmero.
Y convertí en mil razones injustas y desoladas ambiciones lejanas.

Ante un espejo desnudo de ideas,
porque fueron arrastradas por hormigas espías...
que lentamente, pero diligentemente cargaron
en sus hombros la imagen marchita.
No era yo el nuevo espectro dibujado en tu rostro;
era un ser invisible y volátil...
Cruel capricho del espejo roto que ofrecías a mi alma anhelante de amores...

Audaz como guerrero de Venus me abalancé sobre el turbio destino desnudo...

Para acabar con los dolores provocados por tu imagen rota y deshecha...
Para saciar con dulce veneno mis labios ardientes en virginal aurora...
Y así, cual enigmático ser de los espacios, condecorar mi hazaña loca en tu rostro.

Por sorber tus turbios espacios me perdía en la nada del cruel silencio humano...
Buscando libertad perdida en un tiempo marcado y roto como corazón de Asdrúbal...
Arrebatado con nostalgias de dioses sagrados de la altura sutil de lo eterno...
¡Tan cercano que estaba el sendero de la verdad sincera de mi espacio en versos!

¡Cuánta libertad derramada en los tiempos sin valorar las voces que llevaba por dentro!
¡Cuánta libertad en mis nuevos tiempos, alejados de espejos rotos en un largo silencio!
¡Cuánta libertad en mi nuevo cuerpo poseído por la esencia de mis nuevos versos!
¡Cuánta libertad encerrada en mi cuerpo... agrietado por los años en mi largo silencio!

Nocturno del silencio azul
de los tiempos

Mi corazón sudado me declara que esta noche será de
desvelo y ausencia de Morfeo.
Después de tantas luchas con las ardorosas arañas
tejedoras de incoloros consuelos.
Tendido en mi cama como barco varado en la entrada
 del bullicioso puerto,
en la espera del lucero del norte que me dé el pase
al anhelado encuentro.

Mi cama confundida con olores lejanos y silencios eternos
coloreados de azules de otros cielos,
respira como bella durmiente con sus ojos cerrados
esperando un encuentro...
Mil ventanas abiertas de par en par como bocas excitadas
o como imponentes faros costeros,
se burlan caprichosas de mi triste desvelo...

Mi pensamiento dibuja en el espacio mis cansadas
congojas cargadas de nubes en noche callada.
Hay mil estrellas coladas en el techo de mi
casa playera...
Afuera corretean en singular carrera como caballos
salvajes en la oscura esfera...

Y mi alma afligida se consuela en una almohada
helada cargada de penas...

Tristeza azul de esta noche de penas que cabalga
desenfrenada sobre rieles de espumas...
Que conducen a la nada y se reparten las penas
de los pescadores ya idos atados en cadenas...
Uno más... otro más... yo... afligido en la azul noche
de un tiempo sin esperas..

Soñando sobre los caracoles

Voy sintiendo tus dedos escribiéndome historias
eróticas sobre la piel ardiente...
y me sumerjo en la espuma del deseo adolescente
de la lujuria salada de tu espalda.
Caricias, susurros, gemidos, sabores humanos
en nuestras pieles ardorosas...
Dolores ansiados penetrando nuestros interiores y
haciéndonos sentir vivos...

Convertidos en conchas de ermitaños en casas ajenas,
 pero siempre nuestras...
Y en el espacio oloroso a mar...y a sexo... somos uno...
Cobijados en el espacio sonoro de los tiempos...
Convertidos en conchas nacaradas y sensibles
a la luz...

Un rumoroso ruido de caracol anuncia en los espacios
sonoros nuestra presencia...
Enroscados como hiedras en la agreste roca nos
hallamos... unidos... perpetuos...
En la azulosa playa inmensa se desdibujan
nuestros cuerpos... ardientes...
Y las cosquilleantes olas espumosas de albos colores
nos guiñan como cómplices...

Despertamos de madrugada ancestral en otros templos habitados por dioses eunucos...
Y nos burlamos de sus voces infantiles y sus pieles femeninas y castas...
Solicitamos presurosos un sorbo de sus vinos clausurados... con un fin...
Convertirnos en seres inmortales para que esta pasión no termine como otras...

El color de mi silencio

Voy tejiendo mil hebras de colores con mi voz silenciosa en mi pensamiento...
y mis húmedas y coloridas palabras convertidas en gusanos de seda danzan en la luz...
Hilando mil brillantes hebras valientes y heroicas capaces de atar a los indferentes dioses...
para que en su lucha carnal logren congelar losrayos del sol solitario y majestuoso...
Tejo con mi voz silenciosa en el interior de la luz.
Tú la percibes lejana y humedecida como ninfa penetrada por el potente Zeus...
humedecida y callada pero cargada de amor...

Y atendiendo los reclamos del alto Olimpo las balanceas en los rayos del galante Apolo...
Las conviertes de nuevo en hebras doradas, en hebras de ruidosos olores de mi mente...
Y te voy enredando en mil imágenes que el vago y cansado tiempo te ha hecho olvidar...
Pero están ahí, muy dentro de ti y yo las volví a traer on mis redes sedosas del murmullo...
Siempre las he poseído como el cisne silencioso del azul lago en el ajetreado Olimpo.

Dioses gigantes y enanos se comprometen con ella... tan mía... tan callada, pero mía...
Y se conjuran mil debates en el universo para presentarla viva, sin reparos, sin juzgarla...
Y me atrevo a entregarla, virginal, casta y pura para todos, pero que no sea de nadie...

Llamativa como falo de adolescente en tibia madrugada, dura, regia, firme...
Y es mía... vi voz silenciosa en el color de los amaneceres tropicales llenos de acuarelas de sol.
Y te envuelve en colores y sabores de amor... en mi voz... en mi palabra... llena de versos...

Roto pensamiento...

Mi roto pensamiento se convierte en un yo –espía
para llegar hasta tu espacio habitado por ti– imagen...

Encuentra balcones cubiertos de flores sin pizca
de olores...
Y rumia verdores de lejanos bosques...

Recorre tu cuarto vacío de colores..
mil cuadros sin firmas colgados al azar...

Penetra en tus paredes vacías de alma..
Y se vuelve inquieta hasta el mar en calma...

Roto el pensamiento como pared desnuda en
ártico templo...
Y se quiebra en las brasas ardientes de
lejanos recuerdos...

Siente el ronquido de la tímida y frágil noche
de ébano..
Y sufre largamente los olores coloridos de la
eterna sed...

Tiembla de frío al sentir tus ásperas manos...
Y se alarga silenciosamente en los caminos del ayer...

Se detiene y observa el lejano castillo que
le construiste...
Y descubre la más cruel mentira en el cielo
sin estrellas...

Grita calladamente mi roto pensamiento en mi
ardiente interior...
Y se entrega al abismo de una nueva pasión...

Antes...

A veces me siento en mi cama a mirar el humo del cigarrillo disiparse en el aire lentamente...
... poco a poco...
Mi mente presenta muchas imágenes vividas durante el día... de años anteriores y antes de yo existir como ser humano...
Muchas positivas, otras negativas; pero imágenes que acuden a mí sin yo querer...

Estoy solo, solo pero me gusta. Es bueno pensar porque me ayuda a comprender muchas cosas.
Muchos critican mi forma de ser. Para unos soy arrogante, para otros humilde, y para mí: mi lo uno ni lo otro; por eso me aplico mi refrán preferido:
"No se puede complacer a todo el mundo, si tratas, dejas de ser tú."

Vivo para mí por eso soy arrogante para muchos.
Creo y sé que mi felicidad no depende de nadie, sino de mí mismo...
Yo tengo que buscarla y para ello tengo que vivirme, sentirme, sino no seré feliz...

Jaydexian

¡Cuántos preciosos recuerdos se agolpan en mi alma!
Recuerdos de tiempos compartidos de esperanzas...
Emulamos a Quijote en pos de mil andanzas...
¡Y hallamos en el camino veredas en calma!

No nos detuvimos como buenos soñadores...
Buscamos nuevos sueños y atender con esmero,
los nuevos retos que nos brinda el sendero
que habrán de convertirnos en grandes triunfadores...

Nuestro paso será firme como el de Roberto Clemente.
O tan lejano como el de nuestro astronauta Acabá,
Y el sabor será eterno, muy grabado en nuestra mente.

Por eso, como valientes soñadores, siempre diligentes,
Emprenderemos sin tregua nuestra ruta de esperanzas...
Y alcanzaremos los sueños guardados por siempre.

Ya más calmados en el camino miraremos al pasado...
Y reiremos de los pasos muchas veces torpes dados.
Y nos abrazaremos a los seres que bien nos enseñaron.

Agradeceremos lo obtenido que con esfuerzo luchamos...
Y sonreiremos gratamente ante todo lo logrado...
Juntos como héroes por los dones alcanzados.**

** Poema de la clase "Jaydexian" Escuela Superior Natividad Rodríguez Arroyo, PR, 2012

Viviendo en el espejo...

Hoy amanecí llorando...
y abrí lentamente la ventana de mi cuarto cálido que da a la calle,
y vi los mismos niños jugando con el agua turbia que corre por la acera...
Y los vi riendo con sus piececitos tiernos y descalzos...
como éramos nosotros en aquellos tiempos...
Se veían tan felices que sentí una honda y gris nostalgia en todo mi agrietado cuerpo...
No paraba de observarlos en sus infantiles juegos; sentí angustia de los lejanos tiempos idos.
Uno de ellos miró hacia arriba y me vio en la ventana...
Trató de dibujar una colorida sonrisa en su angelical rostro y solo esbozó un amargo gesto.

Hoy me sentí como si dentro de ese niño habitara mi cuerpo...
mi respiración se aceleró impacientemente en mis calcinados pulmones cansados por los años...
no pude devolverle un simpático gesto porque ambos llevamos grabados el dolor en el cuerpo.
Y me refugié en las cortinas que colgaban calladas en el amplio cuarto...
Como heraldos de sueños alcanzados con dolor y demasiados esfuerzos...

Ese niño a pesar de su gesto tenía un corazón anhelante y vibrante de venideros tiempos;
en cambio, en mi cuarto se grietan las paredes y se cuela por el albo techo,
suspiros lejanos de pasados tiempos...
y una anhelante y fría muerte con los brazos ardientes para acoger mi cuerpo...

Los niños ruidosos me sacan del sendero del pensamiento callado que llevo por dentro...
a ellos les sonríe un camino donde les lleva
a mil puertos...
el mío uno solo: el camino del no regreso...
... y mi llanto no es por eso, no, porque mi vida fue igual a la de ellos...
construyendo castillos, creando reinados,
metas cumplidas y viviendo en espejos...

El mejor ejemplo lo llevo en el cofre
de los mil recuerdos...
Único regalo que les dejo a los mortales que creen en los dioses que construyeron mis sueños...
... los dioses reales que habitan en mis mil universos...

Cerré la ventana para regresar a mi tiempo que se alarga en el viento...
Y que repara con acuarelas los paisajes raídos que borra impaciente el cruel tiempo...
Colocando en armonías colores, sabores, imágenes en el espejo...
... donde habitamos tantos seres inmortales que valoramos lo cierto...

Maunabo: eres todo

Eres esencia cristalina en el Chorro de La Pica,
el eterno consuelo del fatigado viajero,
riqueza cristalina saciante de vida,
encuentro amoroso del borde costero.

Esmeraldas tus montes, no altos, sí eternos,
donde buscamos alegres recuerdos añejos.
De barro y llovizna hicimos los juegos
y siempre Maunabo con sabor a pueblo.

El Faro vigila tus costas de perlas
donde habita el ensueño del hombre costero.
Hombre que ofrece su vida al peligro
para buscar en sus mares aliento divino.

Maunabo eres gente que vibra de ensueños,
de niños alegres, de hombres de acero.
El ser que divide y entrega la vida:
la mujer de trigo, de aliento, genuina.

Maunabo, eres todo al mismo tiempo...
Tus aves demuestran el anhelado encuentro
de ver en lo alto el blasón selecto
de encontrar a Dios en cada ser: Su gesto.

Tus calles angostas enriquecen encuentros
de seres humildes con singular acento.
Y un cielo siempre azul te sirve de espejo
para ver la sonrisa del Ser Supremo.

Eres Maunabo mi largo consuelo
donde reposa mi madre
su descanso eterno... ***

*** Poema premiado, Primer Lugar Certamen Literario de Cuento y Poesía 2009. Universidad Interamericana Recinto Metro – Programa Graduado

Yes, I love

Cuando las aguas corren...
Cuando brilla una blanca estrella...
Cuando cae la nieve y todo blanco vuelve...
Cuando miro a un niño alegre...
 Amo.

Cuando se aleja una inquieta gaviota...
Cuando la blanca arena se humedece...
Cuando río, cuando lloro, cuando respiro...
Amo.

Cuando abrazo fuerte a mi madre...
Cuando hablo franco con mi hermano...
Cuando quiero y aliento a un amigo...
Amo.

Cuando corro, cuando viajo...
Cuando escribo, cuando leo...
Cuando oro por la paz del mundo...
Amo...
Sí, amo...
Sí, yo amo...

Piel

Oscura, suave, ardiente.
Es la piel de mi amante...
Es la piel de mi amor...
Es la piel que me enseña...
Es la piel que me anima.
Es la piel que me hace ser hombre.
Es la piel que me calma el hambre,
cuando de amor yo tengo hambre;
me calma el frío y me hace vibrar.
Es la piel que me enseña el arte de amar.

Soneto para enojarte...

A una gran persona...

Me miraste fijamente... y nos miramos;
y de pronto dulcemente latió en mí
con fuerza, grave, impetuosa y alocante
mi corazón ardiente, mi instinto de amante.

Recorrimos el cuerpo con ojos espías
penetrando en los poros sabor y alegrías.
Dibujamos una sonrisa ilusoria
y el alma vibraba condición de gloria.

Tras un breve saludo y el tocar de manos
bastó para saber los ambos anhelamos:
conocernos firmes y fomentar un pacto.

Que nos brinde sueños de eternas realidades
y que podamos vernos en intimidades
y entregarles al alma nuestro amor intacto.

En junio gris...

Como gris preámbulo a un amargo y eterno dolor...
Aparté mis manos fuertes y sinceras de tu
cuerpo ardiente,
porque la fricción erótica, sensual, delicada
y provocadora
entraba furiosa como mar embravecido por mis
tibios poros...

No había razón (pensabas) para el seco rechazo...
Ni pensaste nunca en el dolor que me creabas...
No te daba yo motivos para que me humillaras...
No te ofendí nunca con ningún poro de mi cuerpo...

Sé que el dolor que creé en ti aquella mañana aún
te sigue
como un fantasma mudo, mudo como yo...
Y buscas mil razones para mi silencio,
mi eterno silencio...
Y me dejas solo en mi distintivo silencio...

Y me preguntaba yo el porqué de tu desconfianza...
¿Acaso había motivos? ¡No!, ¡Jamás!, ¡Nunca!,
pero no creías...
¡Ese era mi dolor!, ¡Mi amargo y eterno dolor!
¡Ya te lo había dicho!...

¡Y me hacías vivir en amargo sentimiento!...

Convertí mi triste y silenciosa vida en
cuestiones retóricas,
No hallaba ni razón para vivir...
Lloré largamente en mi templo vacío...
Cabalgó mi mente por dolores eternos añejados
de sufrimientos...

Y me vi de nuevo en mi cuarto solo...
Donde tanto antes compartí contigo,
dándonos caricias,
para hacernos nuestros, solo eso bastaba, solo eso...

¡Adelante!

Al que lucha por la igualdad: adelante.
Al que lucha por justicia: adelante.
Somos seres luchadores, somos seres de verdad.
Somos forjadores de la idea que dará la libertad.

Carlos, Pedro, Leo, Charlie, y mi René...
Hombres de espíritu incansable...
Pensadores de un futuro...
Combativos sin parar....

Sus ideas y trabajos
todos hemos de emular.
Con firmeza en sus acciones,
con su verbo sin igual...
Cada cual con gran potencia
a nuestra patria saben guiar
que nuestra única fortaleza
nos la da la igualdad...

Carlos, Pedro, Leo, Charlie, y mi René...
nunca paren de luchar,
unifiquen nuestra estrella
la que a Dios fue a iluminar.

Un consejo

¡Amigos, favor de enfrentar este sueño despierto
de palabras!
Cada una cargadas de primaveras de óleo
para colorear la vida...
Vida que se escapa velozmente en
el devenir del tiempo
azaroso y perverso con sus voces chillonas
matizadas de amargura y colores ocres
que todo lo inundan...
Cada una llena de luces brillantes en un cielo fatuo...
Cada una llena de esperanzas para que sepamos
que son rosarios eternos en los corazones
de nuestros amigos...
aquellos sinceros que se acercan a ti y se quedan...

Cadenas de flores señalaban el largo camino
de largas victorias
con ellos de las manos firmes recorridas...

Peldaños eternos que acercan el cielo... azul e infinito...

Nubes cargadas de esencias de amores que se fueron;
pero los amigos no... los verdaderos quedaron y caminan
en silencio contigo, tal vez no los percibes visualmente
porque son seres traslúcidos... pero ahí están.

Solo depende de tu actitud para su encuentro;
si miras con detenimiento cada una de estas palabras
me verás reflejado extendiendo mi mano
y ofreciendo mi sincera amistad...

Orlando el hombre

Agua clara en pensamiento,
río bravo en mi sentir.
mar tranquilo en la mañana,
ola brava al atardecer...

Canto poemas y alegrías
porque soy un hombre.
Vivo dichas y tristezas
porque soy humano...

Amo y siento como niño.
Amo y siento como hombre...

Soy el hombre de cristal
que se quiebra en la palabra:
palabra fuerte del dolor...
Soy también el hombre fuerte,
aquel que antepone sus principios;
aquel que de castillos de arena
sabe hacer un fortín de guerra
y no lo penetra ni la luz del sol...

Soy el hombre que ama,
aquel que en el pasado amó y rumió dolores...
y que con Cortázar y Borges aprendió
a usar cada palabra como pinceles de amor...
para dibujarte en tu azul mundo
mil bocetos de pasión...

Mi último poema

Es triste y doloroso
escribir como me siento,
tal vez nadie lo sepa,
pero me muero por dentro...

En mi último poema
hablar de amor yo quisiera,
pero la pena es tan grande,
que el amor de mí se aleja...

Por quien escribo estas líneas
a todos quisiera contar,
mas la ley de hombre tonto
a mí me obliga a callar...

En mi último poema,
¡último, qué vanidad!
quisiera decir que estoy triste,
mas no hay necesidad...

Me arrebatan lo que más quiero,
lo que me da felicidad,
me quitan el corazón,
sin pensar y con maldad...

¿Qué más da ya en la vida?
¿Qué más da? Dígame usted...
Vivir por vivir viviendo...
Amar sin amor: muriendo...

Es triste mirar al pasado,
es triste por lo bonito.
Recordar cosas preciosas
es mi alma atormentar...

Pensar en nuestras promesas,
nuestros planes, nuestro amor...
Es como vivir esperando
una muerte a traición...

Loco en tres tiempos

Mirando mi tibia mano azul
bajo la luz plateada de la triste luna
y descubrir su larga soledad
me da razón para pensar
en todas las manos anteriores
que posadas en la mía
recorrieron mil áridos caminos
donde habitaba el ensueño...

Hoy bajo la luz plateada de la luna
miro mi tibia mano azul vacía...
Todo quedó atrás para siempre...
Ya no habrá otras manos azules a mi lado
y menos posadas en la mía...

Hoy renuncio a todo encuentro
de manos coloridas en el tiempo...
Hoy renuncio a todo tibio contacto
porque mil manos viles dañaron la mía...

Viajaré bajo la luz plateada de la luna
y sonreiré a la estrella más pura,
alzaré mis nanos azules con ternura
y reiré como loco y te contagiaré mi locura...

En mi espacio caribeño

Derek Walcott lo llamó "uvas de mar negro en la tierra
húmeda transparente"
yo las llamo "voces precisas en el aire azul
y eterno mar caribeño"...
¿Qué son?
Son nuestras voces implacables que remontan
los tiempos coloniales del Caribe...
Somos nosotros como esferas burbujeantes que
buscan su espacio en las letras...
Eso somos... esferas azules y eternas portadoras del
brillo del sol...
Mil colores contrastantes en cada islita caribeña llena
de sensual calor...
Mil cromáticas ilusiones de espectadores marcados
por la historia de los pueblos.
Eso somos...

Nuestros cuerpos marcados se proyectan hacia el
infinito ensangrentados de luz...
convertidos en mensajeros de dioses negros
habitantes de mares ardientes...
portando hasta lo alto voces de libertad y negritud
chispeante de mil emociones.
Voces negras cargadas de dolor y de verdad absoluta
y eterna...

Voces de mil colores aplicados por los sufrimientos
de la avaricia...

¡Pero no están calladas! Gritan con libertad sonora
y lo abarcan todo...
Tienen mil ecos en las cavernas ancestrales y en los
rieles enmohecidos...
Tienen mil ecos sonoros en los yugos almacenados
por el tiempo...
¡Ahí están! ¡Somos Caribe! ¡Somos mil voces
con un mismo dolor!

Como uvas de mar, donde se obtiene un vino
sencillo pero nuestro...
Así las llamó Derek; yo las llamo: voces precisas...
Como estrellas en el cielo: infinitas, diferentes;
pero ESTRELLAS...
Nada cambia cuando nos miramos en el espejo
de los tiempos...
Mismo dolor, mismo sentimiento, misma pena,
mismo sabor...
Riqueza eterna del Caribe azul por el mar ardiente....
Riqueza en voces diferentes para decir
el mismo sentimiento:
AMOR, PASIÓN, ARDOR, COLOR, VALOR...
Y los mil dioses negros abrigándonos con
el mismo manto de la voz...

Voces ausentes...

Estoy triste, pero no como Netzahualcóyotl, no como él,
no... mi tristeza es nueva...
Él lloraba por la ida de los príncipes guerreros
que viajaron a la morada eterna...
Yo, estoy triste por el abandono de los dioses
que se llevaron las flores que embriagan;
y nos dejaron solos... solos sin colores en las palabras...
sin voces en nuestra alma...

Ante un nuevo amanecer de oscuras nubes
en nuestro cielo buscando aliento en la esfera,
se columpia lentamente y tímidamente un sol lejano
y casi frío, por la ausencia de la voz.
Un sol milenario que estalla sin fuerzas cada
ciclo provocado por un adiós...
un sol desterrado del universo que vaga sin destino
desde que se fueron ellos...

Ellos que con sus contagiantes voces daban arrullos
a los seres pobladores del templo...
y construían caminos a seguir ante un desvelo;
dioses celestes que habitaban los pueblos.
Ya no están, se fueron todos, abandonaron las flores
que embriagan, se fueron...
nos dejaron solos en caminos sin terminar,
nos dejaron sin rumbo, solos, ausentes...

Tal vez un día regresen a colocar en los mil tiestos
que les esperan... las flores de colores.
Las flores que embriagan con dulces palabras
los oídos de los mortales...
Tal vez yo no estaré allí, ni Netzahualcóyotl, tal vez no,
pero estarán nuestras palabras...
nuestras voces ausentes llenarán cada espacio d
el nuevo universo y nuevos caminos...

Entonces quizás, ni Netzahualcóyotl ni yo
estaremos tristes...

Los dioses rotos

El poeta que, a sabiendas, puede en sus versos mentir.
es el único que en todo la verdad puede decir.

Aforismo
F. Nietzsche

Hoy caminas descalzo sobre la arena ardiente de mil playas lejanas en busca de la verdad...
camino eterno de altas y bajas sin sentido en las rutas que van trazando torpes tus pasos...
creyendo encontrar en el oasis de tu interior la luz azul del verdadero encuentro de libertad...
ahogando entre sueños los dioses rotos construidos por sociedades antiguas de incómodos lazos.

Mentiras ancestrales de luces celestes que componían sus enigmas pero arrastradas hasta hoy...
y que van corroyendo lentamente y marcadamente las ilusiones de los sabios incógnitos de la luz.
Divagando por sendas polutas de deshechos mortales que se alimentan de carroña y dejan hedor.
Eso encuentras en la vacía y larga ruta que te dejaron los dioses rotos que crearon los hombres...

... animados por cuerdas desde el cielo van rumiando sus dolores y penas... yo no... yo busco...

... adormecidos por mentiras de estrictas doctrinas regidas por la fe... la fe es conformismo...
... atolondrados por imágenes clementes de indolencia y sumisión... las ves a cada rato...
¿Qué haces? ¡Lo de siempre: nada; te unes a la comparsa de seres amorfos y caminas sin saber!

Los dioses rotos que rigen la ruta de tu vida te llevan a un abismo de dolor: todo es pecado...
Los dioses rotos te marcan la piel con el carimbo de miedos, falsedad idólatra que sientes...
Los dioses rotos te van abandonando y te sientes perdido, porque nunca fuiste libre... yo no...
Yo rompí con los dioses rotos que encadenaban mi alma... y vivo en libertad... es mi verdad.

Sosteniendo penas en el aire...

Nada serán mis palabras
si no encuentran otra boca
que las cante y las olvide
y las devuelva a la sombra.
Nada serán mis palabras...
Cintio Vitier

Como capullos dorados de crisálidas celestes respiran
mis palabras...
Tan ardientes y heladas como témpanos en la nada
absoluta del silencio...
Tan medidas y estructuradas como lingüística
ausente de Saussure o Chomsky...
Como capillas medievales construidas con logística
fe de ateos temerosos...
Como instituciones enigmáticas de fatuos pensamientos
humanos llenos de dolor...
Vacilantes en el tránsito cotidiano de mentiras sociales
para ajustarse en el mundo.

Tristes carruajes de absolutas ideas de la complacencia
humana de una era...
Olvidadas en veredictos de ejemplos de endosos opacos
de valores sin fe...
Olvidadas en rincones vetustos de cuartos oscuros
condenados al silencio...

Recipientes de ardores en panderos de carnaval colorido
de una sociedad vacía...
Rencorosas como sangrías en resaca de impulsos
ancestrales de un dolor ciego.

Impulsadas desde mi interior agreste, triste y tibio
de caricias tullidas...
Que como Ares del lejano y legendario Olimpo van
calladas en el aire poluto...
Fieles a mil ideas contrarias de tu ensueño, pero vivas,
muy vivas y sinceras..
Como panales de miel cargadas de dulces imágenes
coloreadas con amor...
Mías, tan mías como poros pigmentados por el
sol tropical de mi isla...

Hoy viajan como semillas de una nueva generación
de dioses inmortales...
Abrigadas con nuevas pieles de extraños morados
de la esfera azul y eterna...
Construidas con verdades de la esencia de una raza
que habitó ya hace mucho...
Y perduran entre los sueños de Caín, de David,
de Nietzsche, de Neruda, de tantos...
Compartidas con ilusión, pero sosteniendo penas
en el aire...

Polvo en el viento...

> *"All we do crumblesto the ground,*
> *thoughwe refuse to see dust in the wind*
> *all we are is dust in the wind, now don't hang on*
> *nothing last forever but the earth and sky"*
>
> Kerry Livgren

Arrasador como huracán sin piedad pasa el tiempo entre nuestras vías intangibles y solitarias...
Se lleva todo a su paso, todos los recuerdos confundidos entre el polvo que carga el viento...
Así, sin piedad y atropelladamente se van esparciendo entre las nubes azules mi fino sentir...
Confundiéndose con dolor y penas marginales cada partícula acumulada en la mustia esfera.

Todo es polvo en el viento y ya no hay remedio para sostener las ideas inmortales... se van...
Convertidos en rupestres andamios de falseantes enigmas de la sociedad obligada... así...
Como versos tristes arrojados al mar arrasador por un amante vilmente abandonado... tú...
Viento que destruye sueños impalpables en la esfera de la nada absoluta en silencio como dios.

Solo polvo, polvo en el viento de una vorágine en la mente de un suicida inducido... yo...

Triste y solitario como ideario de valores de una sociedad
que vaga en pena por la acción... sí...
Contraído en resentimientos de razas incoloras
que pueblan las nuevas tribus en el campo... aquí.
Barrido sin sentidos de pertenencia ante el lejano misterio
de las luces de colores en el cielo.

Tiempo extraño de navegantes expuestos a la desdicha
insegura de nuevos naufragios humanos...
Convertidos en estatuas de sal y miserias donde
las gaviotas se posan y dejan sus deshechos...
Polvo en el viento que se esparce en los cielos azules
habitados por dioses creados por miedos...
Miedos fieles que acompañan a la inmortalidad
de criaturas pasivas en un mundo barrido...

Confiscando las ideas de los baluartes de la libertad del
pensamiento atrevido de nuevos seres...
Castrando los valores de la nueva raza pensante que
emana colores con sus voces sinceras...
Impidiendo el progreso de la emancipación de las nuevas
mentes cromáticas de verdades...
Convirtiendo solo en polvo la impotencia de alcanzar
la inmortalidad del alma...

Viviendo...

*"Ni se enciende una luz y se pone debajo
de un almud, sino sobre el candelero
y alumbra a todos los que están en casa."*
Mateo 5:15

De nuevo mil voces agrias agitando en mi cerebro
los dolores del holocausto de los dioses...
Todos agrupados en carruajes dorados que rompían
los cielos en desbocada carrera...
Insensibles a los dolores humanos provocados
implacablemente con sus mil lanzas hirientes...
Sonreídos como siempre en actitud de omnipotentes
e invencibles ante los débiles...
Tontos elementos creadores del desastre en que
debatimos nuestros días sin aliento...
Tal vez Nietzsche o Sartre enarbolen la bandera
xistencialista para guiar a los caídos...
O tal vez no tengamos ojos para ver que las luces s
e apagan poco a poco...

Fingiendo que vivimos en cotidiana existencia devorada
por las ideas de los otros...
Cargando en nuestras espaldas dolores y sufrimientos
ajenos con grandes hipotecas...
Arañando las paredes de los cielos inalcanzables
poblados de fantasmas celestes...

Bostezando profundo como hambrientos de fe
en los tristes dioses vengadores...
Viviendo entre oscuras ideas de los dioses anteriores
que dejaron el caos en la esfera...

Fingiendo que vivimos...
Fingiendo que existimos...
Fingiendo que creemos...
Para así seguir: viviendo...

Muerte...

"Y allí dentro está la voluntad que no muere.
¿Quién conoce los misterios de la voluntad y su fuerza?
Pues Dios no es sino una gran voluntad
que penetra las cosas todas por obra de su intensidad.
El hombre no se doblega a los ángeles,
ni cede por entero a la muerte,
como no sea por la flaqueza de su débil voluntad."
Joseph Glanvill

El negro y brillante cuervo de Poe surcará nuestros
espacios anunciando la muerte...
Y nuevas y grises barricadas no impedirán en
encuentro sutil de tal suceso...
Como un nuevo expediente en el libro de
los hombres curtidos y silentes;
se rubricarán nuestros nombres
con gemidos ardientes...

Consumirán venenos como elixir placenteros aquellos
que pocos nos quisieron;
porque arderán de rabias infantiles por nuestros
notables éxitos...
Y aplacarán sus ilusiones por dejarles terreno para
seguir existiendo...
Y nuestros cuerpos; ayyy nuestros cuerpos, despojos
 siniestros cargados de versos...

Convertidos en palabras y voluntades sin miedos,
creadores de fuerzas atrevidas...
Convertidos en eminentes y colosales monumentos
para llevar la verdad hasta mil puertos.
Y la voluntad de los otros se enroscará entre sus huesos
para absorber el dolor de estos versos.

Cavilando en espumas de colores

¡Qué hermoso sentir tu ardiente piel en mi amanecer
cargado de espumas de las olas del mar!
Yen ese tierno instante evocar los sabores que me
embriagan de ti,
déjame confesarte inocentemente lo siguiente:
rozar tu piel cada madrugada es aliento de vida en
mi otoñal refugio cargado de penas...
hace que mis días se despierten de este largo sueño
que se ha postrado en mí desde hace años...
y cuando creí que la esperanza se ha ido desvaneciendo,
solo tú me permites vivir...
y me hace despertar de este terrible sueño...
Yo permanezco oculto entre las sábanas calurosas de
ensueños...
tal vez atormentado por el riguroso tiempo de las
verdades no dichas...
y sostengo en mi mano con firmeza los versos...
como granos de arena convertidos en oro.
¡Qué infinita ilusión cuando dibujo en tu rostro
con mis nuevas palabras un nuevo gesto,
cuando ríes, cuando respiras, cuando vives!
¡Todo un anhelo de nuevos sueños entre
madrugadas eternas!
Y me derrito como el hielo cuando siento
tu encuentro...

Un susurro de la luna en una noche de calor...

> *"¡Oh noche! ¡Oh refrescantes tinieblas! ¡Sois para mí señal de fiesta interior, sois liberación de una angustia! ¡En la soledad de las llanuras, en los laberintos pedregosos de una capital, centelleo de estrellas, explosión de linternas, sois el fuego de artificio de la diosa Libertad!"*
>
> El crepúsculo de la noche
> Charles Baudelaire

Una rara sensación de vacío y soledad en esta noche
tropical llena de ruidos de insectos...
Un rumor de voces lejanas que llegan a la orilla
de mi playa... nuestra playa... playa de todos...
Tendida mi cabeza sobre la mullida almohada llena
de viejas angustias compartidas...
Herido en mi interior al pulso de mi alma atormentada
y rumiadora de dolores...
Sintiendo alas ovales agitando aire hiriente en la
soledad de la noche...
Tengo pena, de mí y de todos... porque se acerca el
tiempo de las tinieblas...
Punzantes como agujas en nuestra piel oscura,
en nuestras almas cansadas de existir...
Y vamos tragando nuestras penas como gotas de
arrepentimiento en el corazón de un ateo...

Vamos cargando viejos recuerdos... recuerdos que hoy
me susurra la luna...
Convertidos en incomprensibles voces de silencios
añejos, por dolor, por amor, por valor...
Viviendo en un mundo negro que gira sobre
un dimito punto en el amplio universo...
Cansadamente apoyado en nubes tristes que dejaron
lluvias tenues de otros lares...
Y fueron haciendo surcos en la tierra roja que se deshace
en mis pies adoloridos...
Se acaba el tiempo y susurra la luna...
como si compartiera el conocimiento
de sabios errantes.

¿Para qué el aviso de algo que ya sé? ¿Para qué
si mi talón no fue herido?
Voz triste de la luna... eso creo... ya no sigo esperanzas
inútiles de inmortalidad...
Ya viajo en rutas astrales por los sinfines del universo...
soy voz y no murmullo...
Ya propago mi nueva realidad ante todos:
en mi alma pura se respira Libertad...

Verdades

Me convierto en indómito jaguar acechando
tus pasos...
como relámpago de luz rompiendo tu espacio en
hiperbólica escala del tiempo...
Voraz como rugiente viento desatado en las costas
de tus playas...
como brillo concentrado en las metáforas internas
de tu piel...
Yo abrigo calladamente tus noches sofocantes,
ardiendo entre sueños azules y cargados
de amores imposibles,
explotando en erupciones de ardientes
volcanes ancestrales.
He abrigado tus palabras con tules orientales,
como albas gazas que transparentan
los sueños inmortales...
Y recorro tu inexplorado camino de virginal ternura
en la piel impoluta...
como cimbreantes estrellas en noche sin luna...
Y derramo estrellas entre tu piel y la mía...
y me aferro a tu cuerpo como
goloso reptil hambriento...
y te palpo y te siento,
y te respiro por dentro,
y desnudo nuestros miedos.

Y en este anhelado encuentro de piel y piel y cuerpo y cuerpo...
navegamos sin prisa hacia un mismo puerto...
Prolongando caricias que ansiamos por tiempos....
Y convertimos la cama en nuestro más fiel amigo...
nuestro espacio selecto...
Y nos dimos caricias como niños sin miedos...
y fuimos uno en un tiempo tan nuestro.
Albergando en emociones nuestro más dulce secreto...

Aquí

Dije que te hallaría hasta el fin de los días para aplacar
esta sed de tenerte en mis brazos...
y hoy te encuentro vagando entre espumas de
mil mares lejanos cargando mil sueños...
viciando las ilusiones que componen tu entorno frágil
y desnutrido de anhelos...
Y me arrojo silencioso hasta tus brazos desiertos...
Vivo este sueño como sátiro de fábulas abrumadas
por el discrimen de los tiempos...
Cargando pesadas penas del alma derrotada en
mil noches oscuras de lejanas estrellas...
Y rompo con la inequidad de los versos que campean
por libros dorados de poetas ateos...
Y como cristal que se quiebra y hiere mis manos
y me causan dolor y me debilitan el cuerpo...
te entrego mis acuarelas sin color, aquí en tu triste
desierto que se queda sin alma en lejano espectro...
Y como fiscal de ideas te recibo... triste... aquí
en tu pequeño mundo...
Con un soplo de sorbentes dolores de diásporas
de razas lejanas... te descubres...
Y te escucho aquí, en mi nuevo mundo cambiado
por tu nueva piel infiel y traidora tan amarga y cruel...

Y me quedé aquí esperando y soñando
aquel encuentro...
Y miro dolientemente porque he de romper mi juramento
de aplacar la sed al encontrarte de nuevo...
Y aquí callado y cavilante te miro con miradas lejanas y
fuera de mi tiempo... aquí...
Y te pierdo sin treguas, y te pierdo sin rodeos, y te pierdo
sin anhelos...
Aquí como águila cruel que gravita en el tiempo de
lejanos montes sin resquicios para encuentros...
Aquí desnudo mi alma y te veo sin miedos...
Aquí como cayado de pastor erguido fálicamente en
los prados sin tiempos...
Aquí tan vacío como universos de otras galaxias y
convertido en muñeco...

Un sueño

Un sueño es una larga caravana de ilusiones corrompidas
de mis verdades internas...
Un epitafio cruel en la despedida infinita de mi
cuerpo arrugado por el paso detenido de mis
truncados anhelos...
¡Lo que se vive en mi interior cuando en ti pienso!
¡Lo que eres tú cuando me dices te quiero!
¡Cuando desnudos jugamos en mi cuarto pequeño y
se vuelve gigante cuando siento tus besos!
¡Un sueño eres tú por imposible y por entregarte
sin compromisos en el tiempo!

Mi sueño eras tú, ya todo es muy cierto... consumado
el encuentro...
Vibramos como adolescentes traviesos en nuestra
cómplice cama convertida en nido de besos...
... y la miro y te veo a ti cuando otra boca beso...

Un sueño... ¡Pero qué sueño!
Tanta espera al pasar de los tiempos...
y fuimos uno... nos entregamos sin miedo...
Y convertimos los brazos como muros de hierro...
y esa piel tan ardiente que encendía mi cuerpo...
... y todo fue tan dulce... y todo fue tan tierno...
que hoy cierro mis ojos y revivo ese sueño...

Afuera llovía y era rico ese tiempo confabulado con
nosotros para ahogar nuestros versos...
Y la lluvia era tibia... y la lluvia guiñaba cada espacio
 sin miedo...
... y soñamos flotando en nubes azules en un
alto cielo...
... y besamos los labios...
... y besamos los cuerpos
... y nos entregamos soñando en volver
a otro encuentro...
Ansiándolo ardientemente como deuda incumplida...
para definir nuestros sueños...

MI SENDA

Una voz se alza lejana entre los espacios infinitos de
las verdades atrevidas de aguerridos héroes...
Y me dicta una nueva encomienda la cual debo realizar
sin dilaciones en el tiempo... ya tengo... una misión...
Como irresoluta agenda la cargo con ansias en mi interior
de contantes ambiciones humanas... ya tengo... sí...
Y me entrego diligente a la nueva misión... con fuerzas...
valiente... atrevido... yo...

Y no vacilo en ningún momento a retomar
las armas para defender las ambiciones... ya marcho...
sin mirar atrás...
Manejando en mis manos las espadas de milicias
celestiales que entregaron sin temor para la existencia...
cierto...
Renunciando a los ciclos de verdades truncas
realizados por cobardes que renuncian a su libertad...
muy cierto...
Y ante mi nueva misión: escribo y provoco, provoco y
escribo verdades que tú defiendes en tu interior y temes...
yo no...

Sin permitir que el otro determine ni trace mi senda que
emerge como espada desde mi interior... sin miedo...

Ocupando mi espacio entre la nueva raza de dioses
inmortales de la voz y la palabra en mi mundo
de color...
Tal vez te recuerde a Darío o a Gutiérrez Nájera y
hasta a Martí en la terquedad de lo impuesto...
pero aún persiste...
Y mi compromiso con la verdad se vuelve como blasón
de Juana de Arco en la lucha campal de los idólatras...

Por la insinceridad que insiste en adherirse como hiedra
en el alto muro que componen tus ideas... lo derribo...
A veces caminando cauteloso por la envidia y el robo de
las palabras en nuestro mundo virtual de los tiempos...
Aplicando sigiloso las nuevas reglas de parábolas
cromáticas del silencio abarcador de
las nuevas mentes...
... y como parábolas cromáticas del silencio te entrego
mis versos...

Como adarga de Quijote

En los viajes por los caminos de Montiel con la adarga del Quijote heroico llevamos en los bultos parábolas de color...
Con las fantasías de las voces que van inmolando nuestros verdaderos sueños porque queremos parecer cuerdos...
Aferrados a las voces de transformaciones totalitarias de nuestras ilusiones humanas por creernos grandes...
Rumiando lentamente las mil sensaciones verosímiles de voces como escudos del hidalgo...

Ilusorios cabalgamos en búsqueda de una Dulcinea transformada, no la campesina de olores a cebolla, esa no...
Una Dulcinea de hermosura etérea como Venus del Olimpo provocadora de ardores en la piel adolescente...
Y convertimos en Toboso nuestro entorno inmediato y lo llenamos de mentiras para saciar de engaños nuestro ser...
Y no vemos a la Aldonsa Lorenzo de la realidad virtual que nos toca vivir... siempre con parábolas alcanzables...

Vemos a lo lejos los molinos cual gigantes implacables... malvados... demoledores...

Y cambiamos la mirada... para encerrarnos en la cueva de Montesinos y enterrar nuestras cabezas cual avestruces tímidos...
Y como cueva de Montesinos, simple cueva vacía en mitad de ninguna parte, creemos que existimos...
Nos encontramos con el gigante y creemos que soñamos porque estamos encantados con mentiras humanas...

Regresamos a La Mancha, como mancha parabólica en nuestras vidas, manchadas por engaños...
Y dejamos envolvernos por la fantasía cotidiana de los placeres dañinos de las mentiras gigantes
que nos dan...
... yo por eso antepongo como adarga de Quijote
mi verdadera ficción, la mía, la cual me hace existir...
para viajar mil inviernos que me lleven a lugares
de maravillas reales que me brinden helado calor...

Blanca luz

"Mi vida es un suspiro, tu vida una sonrisa;
mi alma negra sombra, la tuya blanca luz;
eres arroyo y ave, eres perfume y brisa;
yo lágrimas y duelo, tristísimo sauz."
Manuel Gutiérrez Nájera

Como armiño blanco y suave te me escapas entre
las manos...
y mil veces te atrapo y mil más te me vas... como suspiro
entre mi alma...
eres siniestra criatura de la perfección visual y
magistralmente creada para enloquecerme, para aturdir
mis pensamientos cuando te proyectas en mí...

Blanca luz de las ideas que suspiran por amor de amantes
ardorosos...
Volátil imagen de contornos tenues, puros y perfumada
de color...
Fresca como agua de impoluto arroyo que refresca
mi voz...
te vas adentrando poco a poco en mi interior...

Blanca luz de tenues contornos dibujados con caricias
tibias llenas de amor...
sobre un cuerpo divino de un amante impostor...

En blancas sábanas ardientes convertidas en infieles
secretos cargadas de grato sabor.
Eres blanca luz que nubla el sentido en esta noche caliente
de pasión...

Borrando las sombras de los furtivos cuerpos entregados
al amor...
Te deslizas tiernamente en las paredes cómplices
del secreto mayor...
Te haces tenue burbuja de sueños en cuerpos sonreídos
por deleite mayor...
Y llenas el cuarto con aromas coloridos como muestra
del verdadero amor....

Cavilando en espumas de colores

¡Qué hermoso sentir tu ardiente piel en mi amanecer
cargado de espumas de las olas del mar!
Y en ese tierno instante evocar los sabores
que me embriagan de ti,
déjame confesarte inocentemente lo siguiente:
rozar tu piel cada madrugada es aliento de vida
en mi otoñal refugio cargado de penas...
hace que mis días se despierten de este largo sueño que
se ha postrado en mí desde hace años...
y cuando creí que la esperanza se ha ido desvaneciendo,
solo tú me permites vivir...
y me hace despertar de este terrible sueño...

Yo permanezco oculto entre las sábanas azules calurosas
de ensueños...
tal vez atormentado por el riguroso tiempo de
las verdades no dichas...
y sostengo en mi mano con firmeza los versos...
como granos de arena convertidos en oro.
¡Qué infinita ilusión cuando dibujo en tu rostro
con mis nuevas palabras un nuevo gesto,
cuando ríes, cuando respiras, cuando vives!
¡Todo un anhelo de nuevos sueños entre madrugadas
eternas!
Y me derrito ardiente como el hielo cuando siento
tu encuentro...

Si pudiera

Si pudiera convertirme en Otelo
y con mi espada juzgar a los cobardes...
y así darle a mi espacio en esta esfera un mejor color.

Saltar por las montañas...
oloroso a mitos...
a aventuras...
jubiloso de ilusiones...
de amores furtivos...
de deseos ardientes...
de pasiones eternas...
para darle a mi espacio calor humano...

Rompiendo barreras,
creando lazos humanos,
dando lo que llevo dentro de mí...
ser Otelo y espada de paz...
Recobrando lo que siempre ha sido mío...
Mi verdad...

Fuentes de verdades infinitas

Ni Borges, Benedetti, ni Neruda pusieron en mi mente
las palabras que hoy pronuncio...
Ya estaban ahí, adentradas en mi ser, ubicadas
en recónditos lugares de mi pensamiento...
... y el silencio, como siempre las ahogaba sin miserias
para callar verdades absolutas...
... y el capricho de otras voces las hacían impotentes
al encuentro con la realidad de mi ser.

Como saetas mensajeras en altos castillos medievales se
perdían en oscuros recodos de mi vida.
Como saetas, no de guerras interminables como el
descubrir el existencialismo marcado del ser;
Sino como flechas impregnadas de olores a libertad y
coloridas verdades que habitan en mí...
¡Cuánto tiempo dedicado a la complacencia de los otros
sin fijarme en mí! ¡Cuánto!...

¡Cuántos caprichos resumí con palabras para que vivieras
en el mundo creado por la falsedad!...
¡Cuántos momentos entregué en fantasías de dioses
lejanos olvidados de todos! ¡Cuántos!...
Por eso cuando respiro el nuevo aire que llena mis
pulmones, cada alveolo se renueva en mí...

Cada gota de lluvia riega en mi nuevo interior como
fuente de verdades infinitas: la verdad...

... y aunque Borges, Benedetti o Neruda y tantos otros
ya lo dijeron, en mi huellas adheridas,
estaban ellas, como siempre, muy silentes pero latentes
como gérmenes en la sangre... vivas,
tan mías y tan claras, que con solo su esencia y
sus coloridos brillos germinaban inquietas...
provocantes de verdades postulantes de misterios y
definiciones de mi inmortal ser...

Rebullentes de ideas libertarias en el existencialismo
cotidiano de las razas... influyentes...
Ardorosas como ampollas en las manos de mil obreros
de lejanas diásporas... enigmáticas...
Provocadoras de alientos inquietantes en las mentes
de los dioses lejanos llenos de maldad...
... y son mías, tan mías como niñas de míticas ninfas
de verdades escondidas... eternas...

Por Minerva, por Diana y por tantas otras que pintaron
mis espacios con cromáticos brillos...
Por la Venus amorosa de delicadas pieles y los
mil querubines que le acompañan... existen...
Por Zeus implacable por los celos de los dioses
y mis inmortales amigos del silencio... viven...
Hoy me entrego a esta nueva aventura de gritar
mis palabras como fuentes de verdades infinitas.

Nuestro juego entre usted y tú...

Como jinetes desbocados vamos ambos en carrera febril
hacia la infinita morada...
Al cabalgar fieramente notamos que nuestras imágenes
se confunden al vaivén de los tiempos...
Usted porque nunca claudicó a sus ideales y yo,
el tú para usted, porque todavía no avanzo...
El tú se queda detenido en espacio azul de mi presente;
siempre jugando con el tiempo...

Con la frente en alto usted se abalanza cauteloso por los
caminos conocidos en su espacio...
El tú, que se soy yo para usted, queda rezagado en la
orilla del camino dejando pastar el caballo.
Usted saborea cada espacio de la vera recorrida y rumia
los mil sabores ya probados...
El tú, recuerde que soy yo para usted, vive los golpes
del presente cotidiano con dolor ajeno...

Cavilamos ambos en unísona alma de gitanos
desterrados por los forjadores de ideas claustrales.
Somos usted y tú, yo para usted – no lo olvide,
víctimas de correos inocentes en singular espacio.
Usted tiene más suerte de alcanzar la meta; y me dices:
tú también marchas como Asdrúbal...

A mi lado siempre como hermanos en la misma guerra...
usted, tú y yo, somos uno... ya lo ves.

Columpiando tristemente nuestras penas en el amplio
espacio de mentiras creadas por los seres.
Arrancando abrojos que se han pegado a nuestra piel de
ébano como parásitos desalmados...
Vaciando los mil mares de la desilusión vivida en nuestro
paso por la azul esfera del engaño...
Cabalgando lentamente, pero seguros de llegar a la meta
que impusieron los cansados dioses.

Y en este juego entre usted y tú se entrelaza como hiedra
y cadenas el yo y el nosotros...
Todos en el mismo corcel que en desbocada carrera se
sumerge en el abismo de la verdad...
Todos como almas gemelas con el mismo pensamiento
y el mismo dolor en la piel y la sangre.
Todos como bocados de nefastas hierbas creadas por los
dioses del engaño en bocas virginales.

Acaba impaciente nuestro juego sobre quién pasará
primero por la puerta... será usted...
Le cedo mi paso, porque usted se deleitó de coloridos
sabores del largo camino... tú, cede...
Cede porque el tiempo de burbujas lo carga sin penas,
lo maneja a su antojo... va viviendo.
Todos evocando una canción escuchada hace ya tanto
tiempo que hablaba de glorias... inútil.
Inútil sensación porque entraron a la infinita morada...
desde donde nadie se escapa... yo sí...

De dónde vengo

Vengo de una calle que se abre a la luz...
Vengo de una casa blanca y alegre...
Vengo de Carmen y Francisco: obreros incansables...
Vengo de la alegría y la superación...
Vengo del "estudia y progresarás"...
Vengo del afán, la lucha y el amor...'
Vengo del olor a flores, a campo, a mar...
Vengo de los cuentos de mi madre
en noches estrelladas...
Vengo de una sociedad de luchas infantiles...
Vengo de colores azules en mi alto pensamiento...
Vengo de la fe en el Buen Dios para realizar
una buena labor...
Vengo a ser maestro que enseña con pasión.

I'm my very own route

Soy un rayo de luna: sencillo...
que cuando quiero, quiero...
que cuando río, río...
que como Martí busco un verso sencillo.

Soy un grano de arena: único...
cantante de un sol divino...
amante de un suelo muy mío..
con pasos azules y eternos sueños.
Soy una sonrisa: valorable...
espléndido en amores..
digno en valores...
y para todos: adorable.

Soy una bandera: controversial...
lleno de estrellas...
de triunfos muy míos...
de eso me gusta platicar.

Soy un estado: ilusión...
meta forjada...
meta anhelada...
meta fijada en mi corazón.

Soy un amante: tuyo...
que vive sintiendo...
que vive anhelando...
tenerte con orgullo.

Yo quiero...

Quiero tantas cosas...
y las quiero enumerar:
... un libro sobre mi tumba,
–no cualquier libro, solo uno–
El principito, por calidad...
Flores vivas que se puedan oler...
niños alegres que sepan reír...
gente en las calles que sepan vivir...
árboles verdes, anchos gigantes...
ríos alegres, vivos, limpios...
calles amplias, llenas, ruidosas...
sol caliente, grande, tropical...
camas blancas, suaves, de amor...
un solo amante y mil amoríos...
Quiero todo eso y algo más:
quiero a mi pueblo amando en LIBERTAD.

Nació...

A mi sobrino Pablo Isaí

Cantaron alegres aves...
brilló muy limpio el sol.
Nació un nuevo angelito,
nació para dar amor.

Llegó entre risas y besos...
llenó un hogar de ilusión.
Con sus puñitos cerraditos,
al mundo mostraba lección:

"Dominaré al mundo
con una sonrisa de amor;
romperé toda barrera
que nos separe de Dios."

Dios le envió al mundo
entre sábanas de amor,
para que el hombre supiera
amar y sembrar amor.

Cantaron alegres aves...
mi sobrinito nació.
Ahora brilla una estrella.
ahora mi Dios sonrió.

Con mi corazón herido

Otelo recibió las puñaladas certeras que provocaron
su muerte y se extinguió lentamente...
Así mi corazón herido se desinflaba poco a poco
derramando rayos multicolores...
Mi corazón desfallece, no vibra, no palpita; ha recibido
un certero golpe que lo debilita.
Ya no tengo esperanzas para seguir... y aún así,
no me entrego: lucho... ¿Para qué?

La muerte acompaña cada paso por la esfera azul
que transito lentamente...
La muerte: fiel compañera en los postreros días se crece,
se agiganta, da valor a luchar...
Como furtivo beso de los labios de Romeo que se entrega
a Julieta sin temor...
Se refugia en las nubes altas y azules de un cielo
tan azul como el amor...

Mi corazón sangra y borbotean manantiales de
destellos dorados con olor a rosas...
Mi corazón se contrae y de nuevo expulsa torrentes
de colores que llegan al universo.
Así los eunucos ángeles con voces aflautadas me reciben
en un frío cielo...
Así muere un hombre que amó en silencio...

Luna

Te miro luna silenciosa...
como respiro de viento helado,
como resplandor de rocío sobre la rosa,
como anhelo de hombre enamorado.

Te miro luna caprichosa...
desde mi lecho despejado,
desde mi balcón en ruinas,
por su amargante ida.

Te miro luna orgullosa...
con tu disco plateado,
sobre le negro manto...
rodeada de estrellas ardorosas.

Y miro luna majestuosa...
cada noche borincana,
entre nubes de silencio,
como loco tu llegada.

Un momento para gritar en silencio: como siempre...

Ya se acerca la dulce muerte con sus pasos lentos, pero seguros, a tomar lo que le pertenece...

Anhelo que se dilate unos segundos para viajar en los recuerdos por lo que dejé de hacer y quedarme demasiado tiempo en asuntos que no merecían mi atención...

Reviviría los momentos de dolor de mi madre para darme el soplo de la vida y soportar las majaderías mías compartidas por tres décadas... revivir aquellos momentos cuando compartimos penas y alegrías: composición de la vida...

Volvería a ser el niño, que llora ante la oscuridad y el desconsuelo...
Volvería a ser el hombre, que llora por lo que no lucha...

¡La muerte me haría gritar en silencio, como siempre, por dejar lo que deseo con toda mi lama! Descansar...

Gritaría en silencio, como siempre, cuánto amo a las personas que me conocieron: mis hermanos, mis amigos... gritaría en silencio, como siempre... cuánto lo siento por mis infinitos errores cometidos... gritaría en silencio, como siempre, que no borren de sus mente, porque si lo hacen me estarían matando con el sentimiento del olvido...

Gritaría en silencio, como siempre, ante el desespero de no haber logrado muchas cosas comenzadas... al dejar a mi amante en soledad...

¡Gritaría en silencio, como siempre, hasta morir!

Tú... ¿realmente tú?

"No son los dioses los que crean a los hombres, sino los hombres los que crean a los dioses."
Ludwig Feuerbach

Abandona el sendero que llevas y que ya has recorrido tantos días sin sentido... ¿no me crees?
Mira las nuevas luces en la azul esfera de la verdad infinita que proyectan los caminos celestes.
Juega con las flores que se suspenden en las algodonadas nubes del nuevo cielo en tu mundo...
Vive sintiendo que eres hombre inmortal como siempre; nada de trucos con tu vida... ¡Me crees!

Ni los juegos fatuos de otros soles, ni cadenas eternas de melancolía falseada de dioses... ¿lo ves?
Nada de eso que te ata a las mentiras tantas veces repetidas en tu triste entorno... ¡Busca en ti!
Nada que te adhiera como hiedra a este falso espacio de burbujas de terciopelo incoloro y tosco.
Ni las falsas promesas de vidas después de esta... nunca más con tales mentiras... no y no...

Está en ti columpiar tu verdad de ser inmortal con tus ideas... pálpalo y siéntelo... así, solo así...
Agarra con fuerza esa luz brillante de tu intelecto que te alumbra y que sientes día y noche...

Saborea las mil prostitutas del conocimiento que fue negado a los hombres del ayer... vive hoy...
Penetra con ardor tu verdad absoluta el estrecho orificio de la duda y sé tú... realmente tú...

Mi palabra no te defraudará porque ya el camino recorrí... y fue arduo y doloroso... pero triunfé.
Mi palabra será tu nueva esperanza en el hospicio de los sabios inmortales sin aplausos...
Mi palabra será elixir hacia tu inmortalidad... será como ciclón de energía a tu vida... prueba...
Mi palabra no te dañará el existencialismo atrapado que posees... sé que está en ti... vamos...

Camina hacia una nueva ruta de verdad y de inmortalidad como los dioses... puedes.. trata...
... al final sonríe como yo... inmortal y otro dios entre ellos... creado por mí... ahora sé tú...

Así actuamos...

Tal vez Emma Zunz padecía del complejo de Electra... tal vez... segunda lectura inconclusa...
O tal vez estamos siempre agazapados entre nuestros propios instintos donde desfallecemos...
Tal vez revolvemos en nuestro interior burbujas etéreas que se inflan sin valor... tal vez...
Y recurrimos a buscar la salida más fácil en nuestra voraz solución a nuestras penas... siempre.

Si su padre se suicidó y necesitaba vengar su muerte auto castigándose y cobrar Emma el dolor,
Del sacrificio no valida el motivo de la violación del marino por más coartadas que presente...
Tal vez como Emma nos abocamos a buscar salidas fáciles a nuestros problemas... no lo sé...
Y de la misma manera nos auto infligimos en la resaca de amarguras cotidianas sin frenos.

El marinero se convierte en el expurgador de los dolores y elixir de salvación ante la ley...
Un pretexto para convertir nuestras acciones en motivos de sostén en la justicia... vanidad...
El provecho que este obtiene en la historia es el de muchos ambiciosos ignorantes en la lucha...

Uno más como silueta sin colores en la esfera de la mentira y el engaño de nuestras pasiones.

Una segunda lectura y múltiple interpretaciones para saciar la sed humana de las acciones...
Frugales enigmas de una sociedad que todo lo quiere en la mano y no se esfuerza por nada...
Triviales mentiras de conductas aprendidas por la conformidad impuesta de pobreza,
Carencia, dominio para hacer de la sociedad esclava por idolatrías mezquinas de los dioses.

Emma Zunz... cualquier nombre... una misma actuación en la madeja enigmática de los seres...
Emma Zunz... como zumbido al oído de voces silentes en el ruido de pensamientos selectivos...
Emma Zunz... creada por el esquivo Borges en tiempos del existencialismo...
Emma Zunz... sigue viva porque existes tú...

Carta a Mami

¿Cuántas veces te llamé Mami? Después de tantos años de haberte ido a morar con El Buen Dios, me es aún difícil olvidar tu dulce voz, tu caricia tibia, tu esencia azul y colorida al abrazarnos, tu picardía al compartir nuestras aventuras... Tus firmes pasos aún se sienten en la casa y tu perfume se esparce en cada rincón para dar aliento a las penas cuando estas invaden el ambiente... ¿Cuántas veces te llamé Mami? Como cómplices de mil locuras compartimos dulces e inolvidables momentos en este duro reto por la vida, viva de caminos áridos que tú bien diligente nos enseñaste a transitar con sabiduría de heroína en mi eterna mitología de los valores humanos...
Me diste tanto Mami, tanto que cada día al rememorar los momentos me quedo sin tiempo... que cada día es un gozo compartir con los seres mortales que me rodean... ¡Cuánto aprendí de ti! Recuerdo tus cuentos cromáticos en las noches cálidas de mi trópico ardiente y sincero; aquellas durante mi niñez cuando aún no había televisor en nuestra casa, pero tus narraciones eran tan reales que nos hacías visualizar ese detalle que querías presentar con tanto detalle infinito del concepto dibujado en nuestras mentes. ¡Cuánto aprendimos de ti! Esas fueron las herramientas como armas de los dioses del Olimpo que nos ayudaron a construir el templo azul y de dulces sa-

bores que hoy habitamos, y más que el templo, el núcleo interior que nos convierte en lo que somos y ofrecemos a los demás...

¡Gracias Mami por tanto en tan corto tiempo! Pero tiempo suficiente para enseñarnos el camino correcto que marca la sociedad y porque tu ejemplo de solidaridad y amor sin igual lo aplicamos cada día... Es como si habitaras en cada uno nosotros todavía... Y así te siento en mi mente... Por eso: ¿cuántas veces te llamé Mami? Mil veces que aún retumban en mi interior agrietado por los golpes de los mortales, hoy me dan fuerzas para levantarme cuando me siento decaído, tu melodiosa voz azul y tan tierna aún persiste en mí, es incentivo a alcanzar esa efímera felicidad cotidiana...

¡Gracias MAMI! Alegra a los ángeles en el cielo y enséñales también como hiciste con nosotros: tus seis hijos. Los seis hijos más agradecidos de haberte tenido y por todo lo que nos diste en tu paso por esta esfera azul... TE RECORDAMOS DE LA MEJOR MANERA: AGRADECIDOS AL BUEN DIOS POR ESA HERMOSA OPORTUNIDAD DE HABERTE TENIDO.

Índice

Introducción a las Parábolas 11
Encuentro en el espejo 13
La misma embarcación 15
Luna sin horizontes sosteniendo mi pena 17
Asumiendo la soledad como siempre 19
Mirada triste cargada de dolores llenos de luces 21
Matiz de angustias cargados de gritos eternos 23
Hay un pueblo 24
En mi interior 26
¿Qué son las palabras? 28
Mi lengua 31
11 de septiembre de 2001 33
Could I'll be dreaming 34
El fin 36
Fragante pena 38
Un momento para gritar en silencio: como siempre 39
Vivo entre colores 41
Cofre de recuerdos 44
El semejante a sí mismo 46

Mi nueva condición en el escenario azul de la sociedad violada	48
Sin ninguna razón para estar aquí	50
La ausencia de mi madre	52
Sin tregua	53
Mentiras	54
Yo el creativo	55
Oración de los impensables	57
Pasos seguros	59
Sombras	60
Definiéndome	62
Hermana	64
Mi mejor regalo	66
Compaginando	68
Cadenas	70
Lección	71
Preludios de mi alma	72
Ese soy yo	74
Remembranzas	75
A Juana de Ibarbourou [qepd]	77
Redescubrir	78
Abrázame	80
Humo y cenizas	81
Quiero un sendero	82
Un 16 de noviembre	84
Trayectoria	86

Mi gran dolor	87
Nobody	88
Añorando	89
Más allá de las ideas	90
At night	91
Me enseñaron	92
Mañana	93
A mi hijo...	95
Nube gris	97
Más allá...	98
Años	100
Peregrinar póstumo	102
Inminente	104
Visiones	106
Los heraldos de colores	108
Esperando...	110
Espejo roto...	112
Nocturno del silencio azul de los tiempos	114
Soñando sobre los caracoles	116
El color de mi silencio	118
Roto pensamiento...	120
Antes...	122
Jaydexian	123
Viviendo en el espejo...	125
Maunabo: eres todo	127
Yes, I love	129

Piel	130
Soneto para enojarte...	131
En junio gris...	132
¡Adelante!	134
Un consejo	135
Orlando el hombre	137
Mi último poema	139
Loco en tres tiempos	141
En mi espacio caribeño	142
Voces ausentes...	144
Los dioses rotos	146
Sosteniendo penas en el aire...	148
Polvo en el viento...	150
Viviendo...	152
Muerte...	154
Cavilando en espumas de colores	156
Un susurro de la luna en una noche de calor...	157
Verdades	159
Aquí	161
Un sueño	163
Mi senda	165
Como adarga de Quijote	167
Blanca luz	169
Cavilando en espumas de colores	171
Si pudiera	172
Fuentes de verdades infinitas	173

Nuestro juego entre usted y tú...	175
De dónde vengo	177
I'm my very own route	178
Yo quiero...	180
Nació...	181
Con mi corazón herido	182
Luna	183
Un momento para gritar en silencio: como siempre...	184
Tú... ¿realmente tú?	186
Así actuamos...	188
Carta a Mami	190

www.ingramcontent.com/pod-product-compliance
Lightning Source LLC
La Vergne TN
LVHW020928090426
835512LV00020B/3266